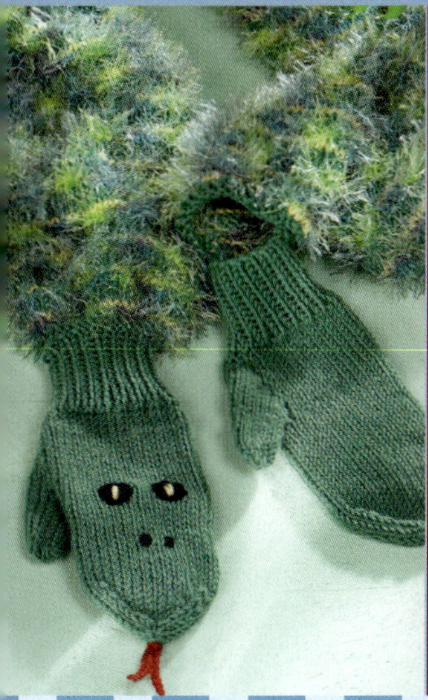

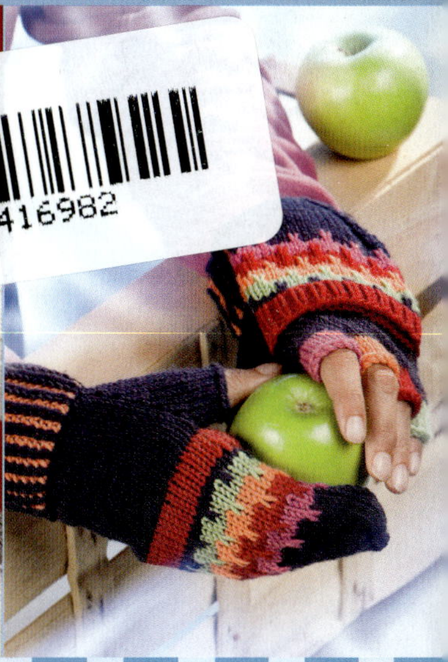

Handschuhe stricken

Handschuhe sind eine wunderbare Möglichkeit, seine Hände warm und schick geschützt durch die kalte Jahreszeit zu bringen.

Lassen Sie sich von unseren Modellen inspirieren und stricken Sie sich den Handschuh, der genau zu Ihrer Garderobe passt. Vom klassischen Norweger über den eleganten Damenhandschuh, von der lustigen Kinderschlange bis zum Herrenfäustling, für jeden ist etwas dabei.

Mit der praktischen Schritt-für-Schritt-Anleitung werden Ihnen die Modelle im Handumdrehen gelingen, egal ob Sie noch Anfänger sind oder bereits Strickerfahrung haben. Und vielleicht finden Sie auch die Anregung und Grundlage, um sich das nächste Paar selbst zu entwerfen.

Wir wünschen Ihnen jedenfalls großen Spaß beim Nacharbeiten und viel Freude beim Tragen.

Ihre

Milla Schoen und M. Sontowski

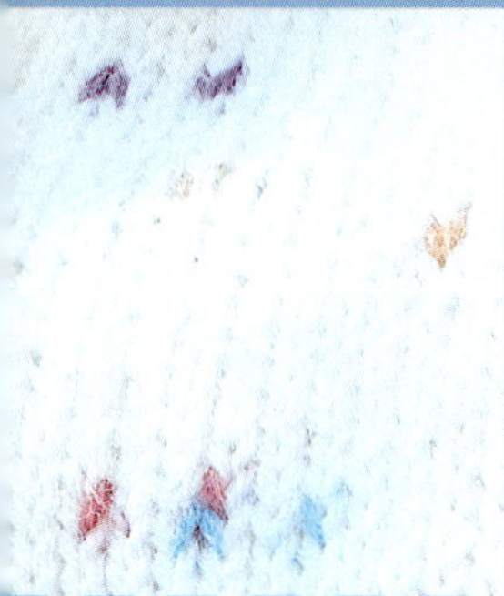

Babyfäustlinge ohne Daumen

→ total praktisch

GRÖSSE
1

MATERIAL
- Strickliesel

FÄUSTLINGE IN HELLBLAU ODER ROSA
- Schachenmayr Extra Merino in Hellblau (Fb 52) oder Creme-rosa (Fb 36), je 50 g
- Nadelspiel 3-4

MASCHEN-PROBE
Mit Nd 3-4
bei glatt rechts
22 M und 30 Rd
= 10 cm x 10 cm

BUNTE FÄUSTLINGE
- Regia 4fädig Color in Candy Color (Fb 5062), 50 g
- Nadelspiel 2-3

MASCHEN-PROBE
Mit Nd 2-3
bei glatt rechts
22 M und 30 Rd
= 10 cm x 10 cm

Bündchenmuster
1 M rechts, 1 M links im Wechsel

Glatt rechts
In Runden jede Rd rechts str

Fäustlinge in Hellblau oder Rosa
Mit Extra Merino 32 M anschlagen und im Bündchenmuster 6 cm str. Weiter glatt rechts str und in 7 cm ab Bündchen die Spitze nach der Grundanleitung und der Tabelle arbeiten. Beide Fäustlinge gleich str.

Bunte Fäustlinge
Mit Regia 4fädig 36 M anschlagen und im Bündchenmuster 6 cm str. Weiter glatt rechts str und in 7 cm ab Bündchen die Spitze nach der Grundanleitung und der Tabelle arbeiten. Beide Fäustlinge gleich str.

Fertig stellen
Mit der Strickliesel eine Kordel von 90 cm Länge in der passenden Farbe anfertigen und jeweils an der Innenseite der Fäustlinge annähen.

Maschenprobe	Größe	0	1	2
	Handumfang	11 cm	12 cm	13 cm
	Handlänge	9 cm	10 cm	11 cm
	ab Bündchen bis Spitzenbeginn	6 cm	7 cm	8 cm
22 M x 30 Rd	Anschlag	28 M	28 M	32 M
	Abnahmen für die Bandspitze	4x in jeder 2. Rd	4x in jeder 2. Rd	3x in jeder 2. Rd, 2x in jeder Rd
30 M x 42 Rd	Anschlag	32 M	36 M	36 M
	Abnahmen für die Bandspitze	4x in jeder 2. Rd	4x in jeder 2. Rd	4x in jeder 2. Rd, 3x in jeder Rd

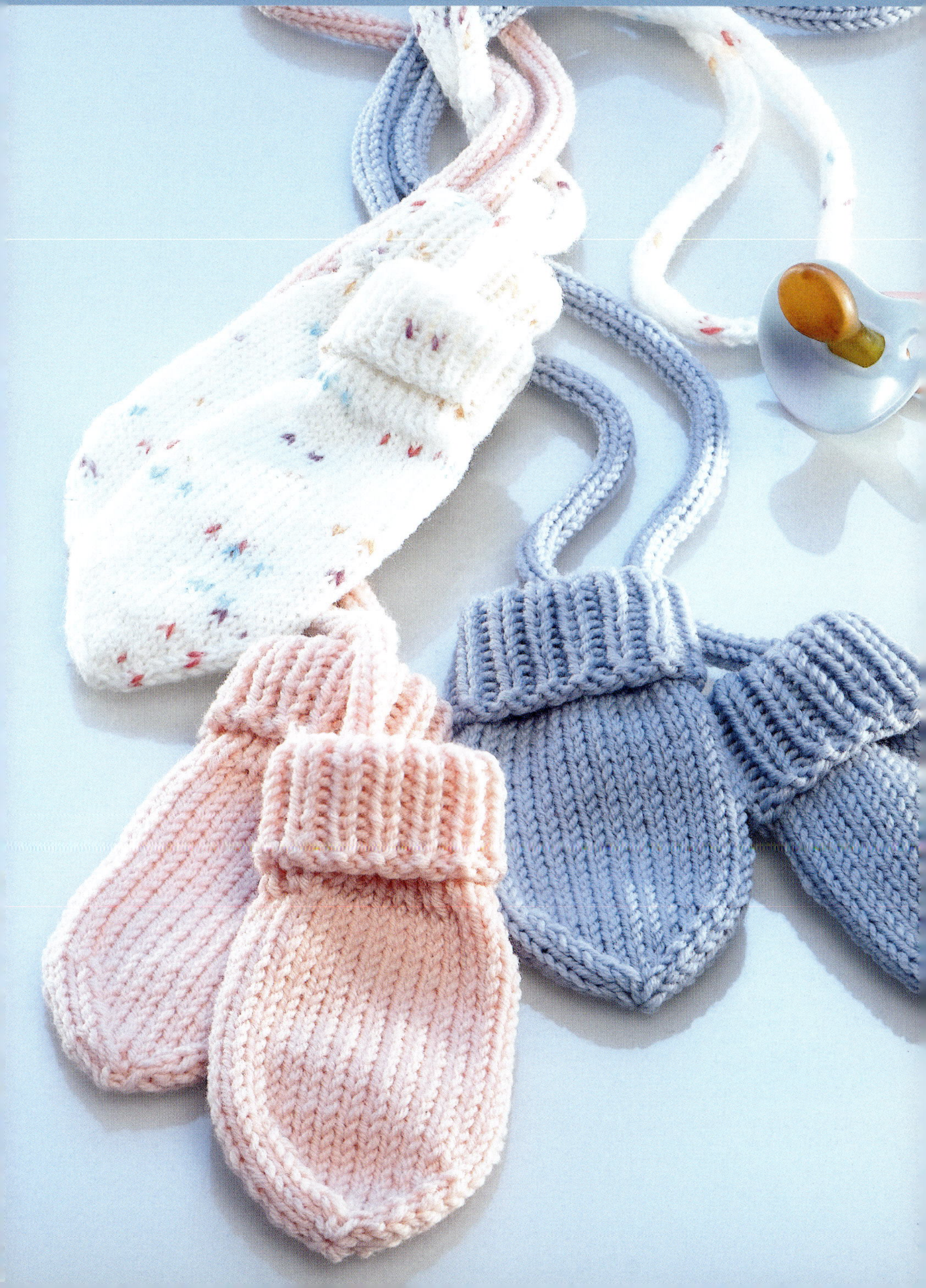

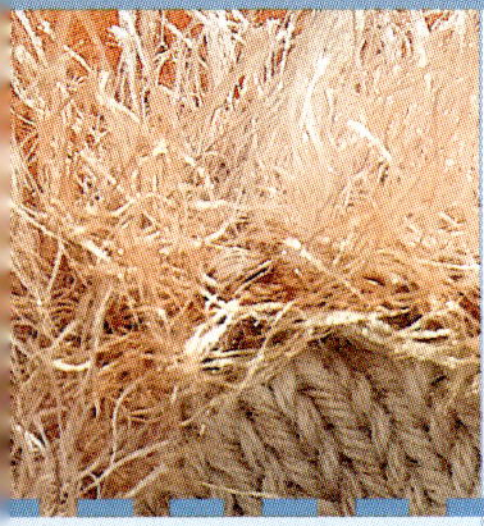

Kinderfausthandschuhe

→ „Leo“

GRÖSSE
3

MATERIAL
- Regia 6fädig in Hell-Kamel meliert (Fb 17), 50 g
- Schachenmayr Brazilia Color in Savanne (Fb 103), 50 g oder Rest
- Garn in Braun oder Schwarz, Rest (zum Besticken)
- Nadelspiel 3-4
- Regia ABS Stopper in Schwarz

MASCHEN-PROBE
Mit Nd 3-4 und Regia 6fädig bei glatt rechts 22 M und 30 Rd = 10 cm x 10 cm

Bündchenmuster

2 M rechts, 2 M links im Wechsel

Glatt rechts

In Runden jede Rd rechts str

Anleitung

Für den rechten Handschuh 32 M anschlagen und 12 cm im Bündchenmuster str. Danach den Handschuh glatt rechts nach der Grundanleitung str. In der 3. Rd für den Daumenzwickel vor und nach der 3. M der 1. Nd je 1 M rechts verschränkt aus dem Querfaden str, dann 3x in jeder 3. Rd und 1x in der 2. Rd vor und nach der zugenommenen M je 1 M zunehmen, bis die Zwickelbreite von 9 M erreicht ist. Noch 2 Rd über alle M str, dann die M des Daumenzwickels stilllegen. Für den Daumensteg 3 M neu anschlagen und die Rd beenden. In der 2. folgenden Rd die 1. Steg-M abheben, 2 M rechts zusammenstr, die abgehobene M darüberziehen. Mit den Abnahmen der Bandspitze in 10 cm ab Bündchen beginnen: 3x in jeder 2. Rd und 3x in jeder Rd die Abnahmen nach der Grundanleitung arbeiten.
Für den Daumen aus dem Querfaden vor dem Daumensteg 1 M, aus den 3 Steg-M je 1 M und aus dem Querfaden nach dem Steg rechts verschränkt auffassen (= 14 M) und die M auf 3 Nd verteilen. In der 1. Rd die beiden M vor dem Steg rechts verschränkt, die beiden M nach dem Steg rechts zusammenstr = 12 M. Nun bis ca. 5 mm vor Daumenende str und für die Spitze in jeder Rd immer 2 M rechts zusammenstr bis nur noch 4 - 6 M übrig sind. Diese M mit doppeltem Faden zusammenziehen, Faden vernähen.

Den linken Handschuh gegengleich arbeiten.

Für die Mähne mit Brazilia Color aus der äußeren Kante der Handinnenseite ab Daumen bis zur gegenüberliegenden Kante in gleicher Höhe M auffassen und ca. 2 cm glatt rechts str. Links abketten. Den Puschelrand so zum Handrücken klappen und mit ein paar Stichen fixieren, dass er das Gesicht einrahmt. Gesicht laut Abbildung in Braun oder Schwarz auf den Handrücken sticken: Augen im Knötchenstich, Nase im Plattstich und Mund im Stielstich. Die Regia ABS Stopper nach den Hinweisen auf der Packung auf die Handinnenseiten bügeln.

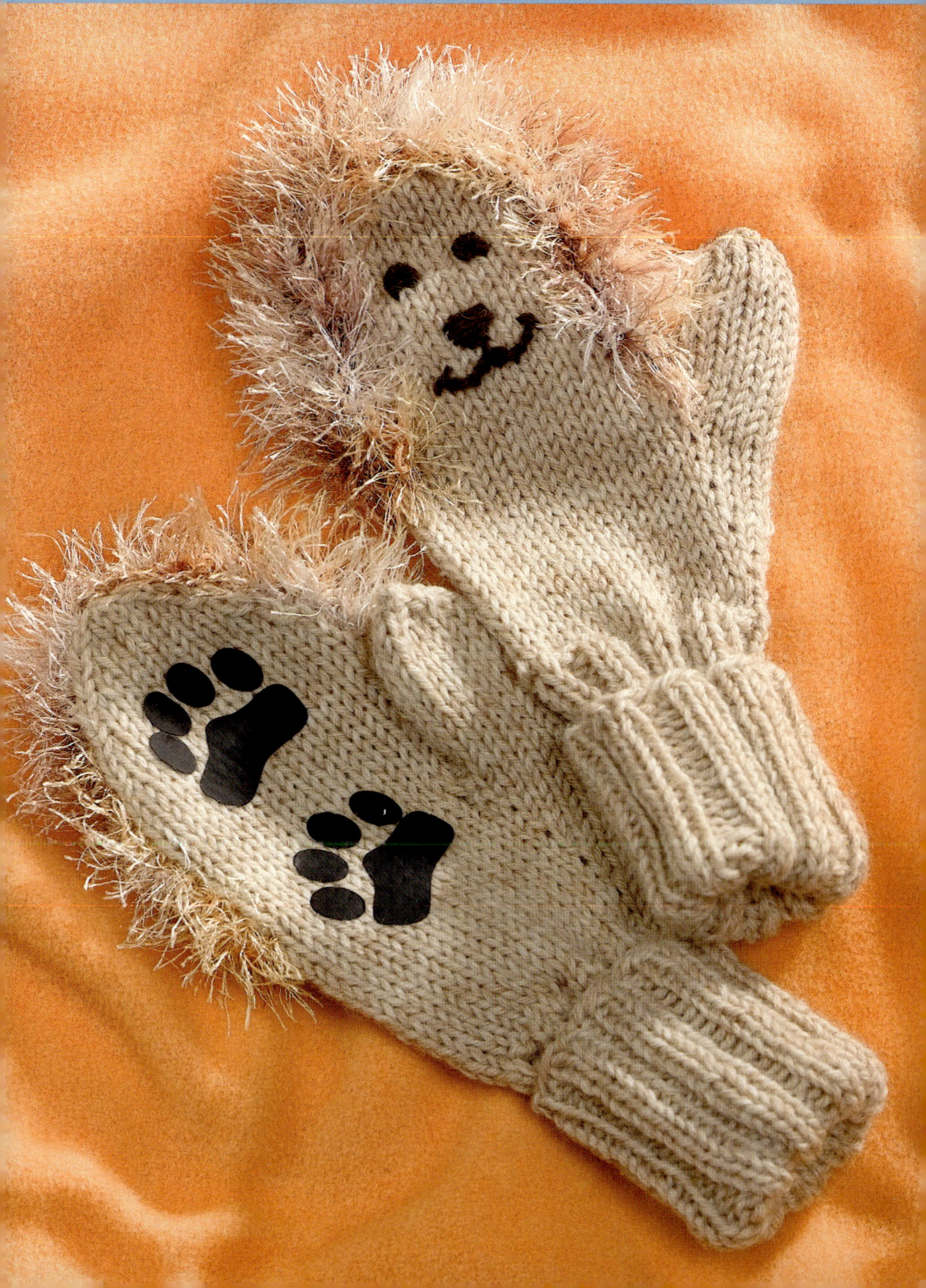

Witziger Schlangenschal

→ mit Fausthandschuhen

GRÖSSE
3

MATERIAL
- Schachenmayr Extra Merino in Billardgrün (Fb 71), 100 g
- Schachenmayr Extra Merino in Sonne (Fb 23), 50 g
- Schachenmayr Brazilia Color in Aloe (Fb 119), 100 g
- Garn in Schwarz, Rest (zum Besticken)
- Garn in Rot, Rest (für die Zunge)
- Nadelspiel 3-4
- Häkelnadel 3

MASCHEN-PROBE
Mit Nd 3-4 und Extra Merino bei glatt rechts 22 M und 30 Rd = 10 cm x 10 cm

Bündchenmuster
1 M rechts, 1 M links im Wechsel

Glatt rechts
In Runden jede Rd rechts str

Kraus rechts
In Runden 1 Rd rechts,
1 Rd links im Wechsel str

Streifenfarbfolge
* 3 Rd Extra Merino in Billardgrün, 2 Rd Brazilia Color, 1 Rd Extra Merino in Sonne, ab * stets wdh

Anleitung
Mit Extra Merino in Billardgrün 32 M mit dem Nadelspiel anschlagen und 1 Rd links str. 2 Rd rechts str, in der nächsten Rd nach jeder 2. M 1 M aus dem Querfaden herausstr = 12 M pro Nd. 110 cm glatt rechts in der Streifenfarbfolge str, mit Brazilia beginnen und enden mit Extra Merino in Sonne. Dann 1 Rd rechts str, in der nächsten Rd immer abwechselnd 1 M rechts, 2 M rechts zusammenstr = 8 M pro Nd. Nächste Rd rechts str, die M der 1. und 2. Nd links abketten, M der 3. + 4. Nd links str. Mit Billardgrün auf 2 Nd je 8 M anschlagen und mit den M des Schals zur Rd schließen. 5 cm im Bündchenmuster str und den rechten Fausthandschuh nach der Grundanleitung str.
In der 3. Rd für den Daumenzwickel vor und nach der 3. M der 1. Nd je 1 M rechts verschränkt aus dem Querfaden str, dann 3x in jeder 3. Rd und 1x in der 2. Rd vor und nach der zugenommenen M je 1 M zunehmen, bis die Zwickelbreite von 9 M erreicht ist. Noch 2 Rd über alle M str, dann die M des Daumenzwickels stilllegen. Für den Daumensteg 3 M neu anschlagen und die Rd beenden. In der 2. folgenden Rd die 1. Steg-M abheben, 2 M rechts zusammenstr, die abgehobene M darüberziehen. Mit den Abnahmen der Bandspitze in 10 cm ab Bündchen beginnen: 3x in jeder 2. Rd und 3x in jeder Rd die Abnahmen nach der Grundanleitung arbeiten. Daumen nach der Grundanleitung str.
Am anderen Ende aus dem Anschlagrand 2x 8 M auffassen, 2x 8 M neu anschlagen und gegengleich zum anderen Handschuh str.

Fertig stellen
Auf die Oberseite eines Handschuhs mit Plattstichen in Schwarz zwei Augen mit einem Durchmesser von ca. 1,5 cm und darüber jeweils 2 Spannstiche in Sonne sticken. Die Augen mit Stielstichen in Schwarz umranden. Zwei Nasenlöcher in Schwarz mit Plattstichen aufsticken. Für die Zunge in Rot 10 Lm und 1 Wende-Lm häkeln, wenden, 5 fM und dann 5 Lm häkeln. Die Fadenenden gut verknoten und abschneiden. Die Zunge mit dem Endfaden des Handschuhs an der Bandspitze festnähen.

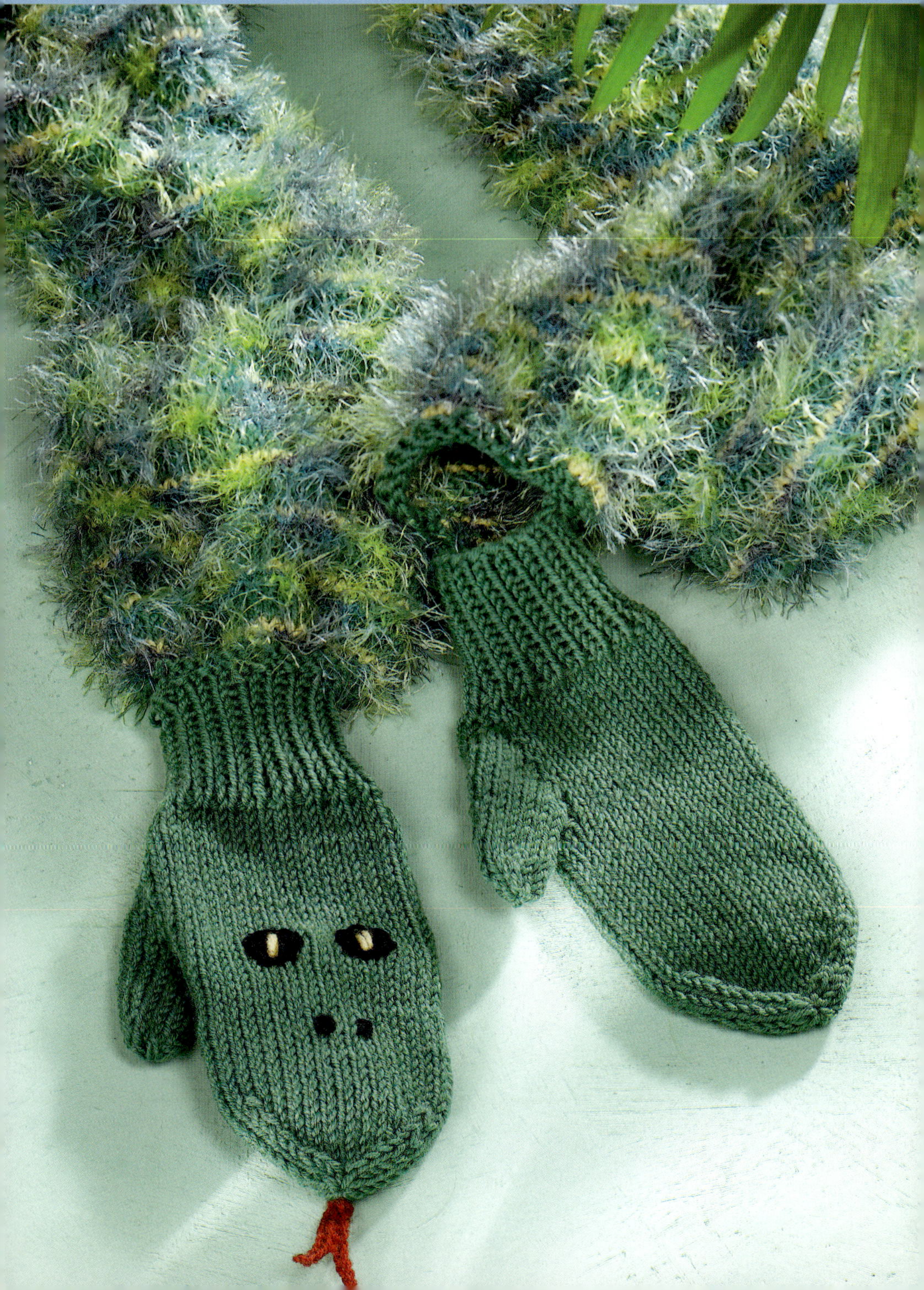

Lustige Fingerpuppenhandschuhe

→ Hallo, Freunde!

GRÖSSE
5

MATERIAL
- Regia 4fädig Color in Crazy nordic (Fb 5259), 50 g
- Regia 4fädig in Königsblau (Fb 2000), 50 g
- 2 Nadelspiele 2-3

MASCHENPROBE
Mit Nd 2-3 bei glatt rechts 30 M und 42 Rd = 10 cm x 10 cm

Bündchenmuster

2 M rechts, 2 M links im Wechsel

Glatt rechts

In Runden jede Rd rechts str

Abnahmen bei den Fingerkuppen

Immer 2 M rechts zusstr bis nur noch 4 - 5 M übrig sind. Diese mit dem Arbeitsfaden zusammenziehen und vernähen.

Anleitung

Für den rechten Handschuh 48 M in Königsblau anschlagen und im Bündchenmuster str: 3 cm in Königsblau, 1 cm in Crazy nordic und 3 cm in Königsblau.
Die Mittelhand nach der Grundanleitung in Königsblau glatt rechts str. Dabei in der 3. Rd ab Bündchen mit den Zunahmen für den Daumenzwickel beginnen: Vor und nach der 3. M der 1. Nd je 1 M zunehmen (rechts verschränkt aus dem Querfaden str), danach in jeder 3. Rd vor und nach der zuvor zugenommenen M je 1 M zunehmen bis die Zwickelbreite von 15 M erreicht ist. Über alle M noch 2 Rd str und die M des Daumenzwickels stilllegen. 3 M oberhalb der stillgelegten M anschlagen und die Rd beenden.
In 9 cm ab Bündchen den kleinen Finger str. Von der 2.+3. Nd je 6 M auf Extra-Nd nehmen und mit einem neuen Faden 2 Steg-M anschlagen. Alle M auf 3 Nd verteilen, in Königsblau bis zu einer Höhe von 2,5 cm str, dann 1,5 cm in Natur und die Fingerkuppe in Crazy nordic str.
Den Ringfinger (6 M der stillgelegten M des Handrückens, 5 M der Innenhand, 2 Steg-M) in Königsblau bis zu einer Höhe von 3 cm str, dann 1,5 cm in Natur und die Fingerkuppe in Crazy nordic str.
Den Mittelfinger (M wie beim Ringfinger) 4 cm in Königsblau, dann 1,5 cm in Natur und die Fingerkuppe in Crazy nordic str.
Den Zeigefinger wie den Ringfinger str.
Für den Daumen in Königsblau aus dem Querfaden vor dem Daumensteg 1 M, aus den 3 Steg-M je 1 M und aus dem Querfaden nach dem Steg rechts verschränkt auffassen (= 20 M) und die M auf 3 Nd verteilen. In der 1. Rd die beiden M vor dem Steg rechts verschränkt, die beiden M nach dem Steg rechts zusammenstr. Nun bis ca. 5 mm vor Daumenende str und für die Spitze in jeder Rd 2 M rechts zusammenstr bis nur noch 4 - 6 M übrig sind.

Den linken Handschuhe gegengleich arbeiten.

Gesichter in Rot, Natur und Braun (aus Crazy Nordic) besticken. Den Endfaden zur Gestaltung der Bommel an den Mützen individuell verwenden (siehe Abbildung).

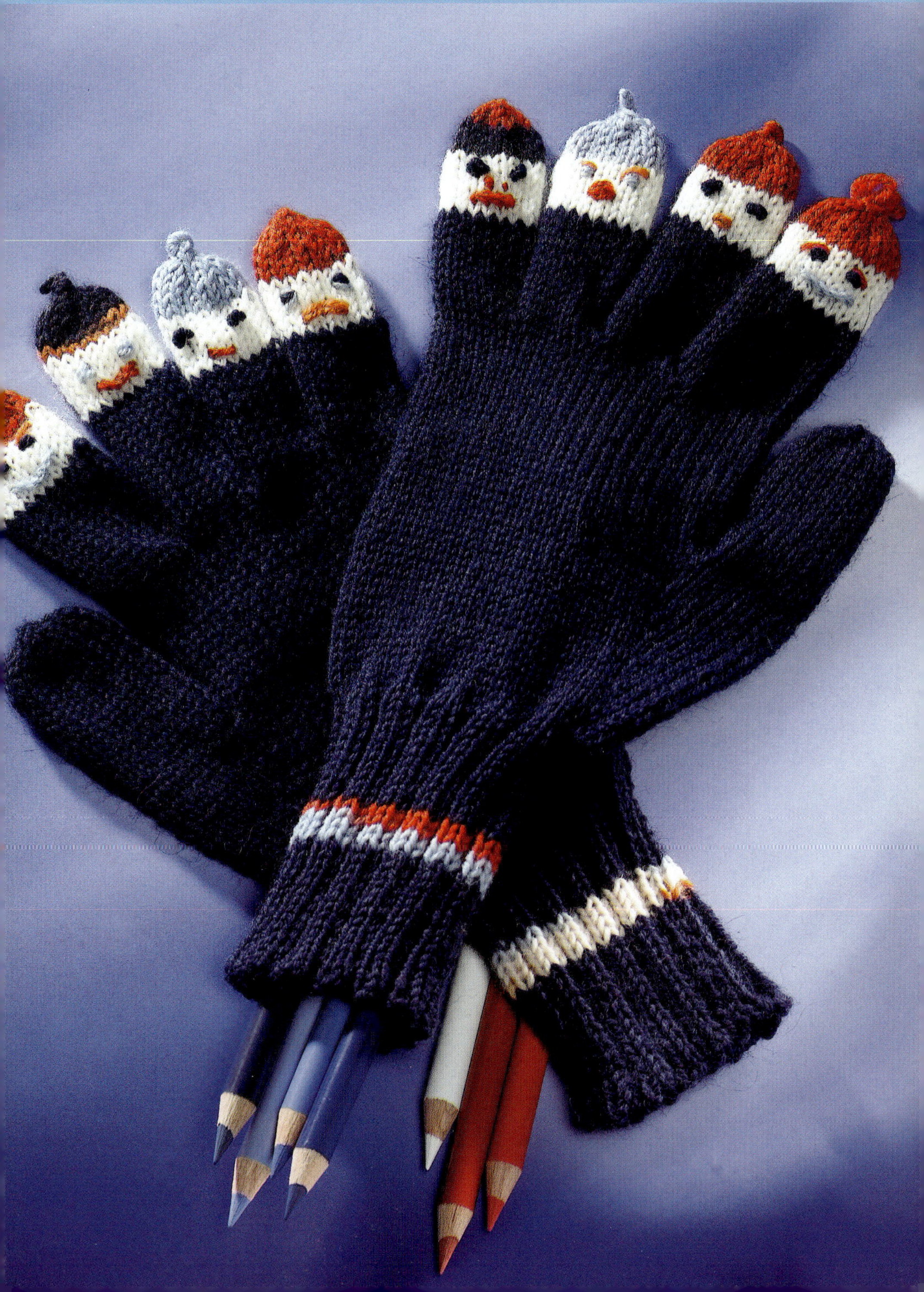

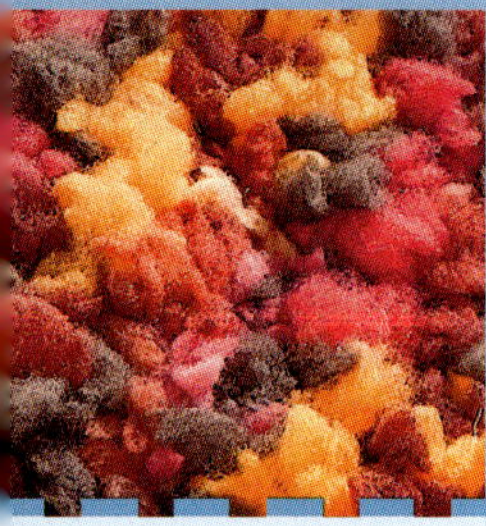

Muff

→ in peppigen Farben

GRÖSSE
ca. 30 cm x 20 cm

MATERIAL
- Schachenmayr Boston in Pink (Fb 35) und Kürbis (Fb 26), 50 g
- Schachenmayr Hip Hop in Vesuv Color (Fb 96), 50 g
- Nadelspiel 7-8

MASCHENPROBE
Mit Nd 7-8 und Boston bei glatt rechts 12 M und 18 Rd = 10 cm x 10 cm

Bündchenmuster
1 M rechts, 1 M links im Wechsel

Glatt rechts
In Runden jede Rd rechts str

Anleitung
Mit Boston in Pink 24 M anschlagen und 13 cm im Bündchenmuster str. Nächste Rd rechts str, dabei ein Durchzugloch für die Kordel einarbeiten und M zunehmen: Bei der 1. Nd 1 U, 1 M rechts, 1 M links, aus den beiden anderen rechten M der Vor-Rd jeweils 1 M herausstr. Bei 2., 3. und 4. Nd jeweils aus den rechten M der Vor-Rd 1 M herausstr. Weiter glatt rechts in Hip Hop str, dabei den U und alle M rechts str = 36 M. Nächste Rd in Hip Hop str, dabei den U und alle M rechts str. Bis zu einer Länge von 20 cm ab Bündchen in Hip Hop glatt rechts str.

Für das zweite Bündchen wieder ein Loch arbeiten und M abnehmen: 1 Rd rechts in Boston str, dabei bei der 1. Nd 1 U, * 1 M rechts, 2 M rechts zusammenstr, ab * 2x wdh, bei den anderen Nd ab * 3x wdh = 6 M pro Nd. Ab der nächsten Rd im Bündchenmuster str und nach 13 cm die M im Maschenrhythmus abketten.

Fertig stellen
Bündchen zur Hälfte nach innen umschlagen und festnähen. Aus je drei Fäden Boston in Kürbis und Pink eine Kordel von ca. 95 cm drehen. Diese durch die Löcher ziehen, die Kordelenden innen gut annähen. Wenn die Kordel etwas länger wird, kann man sie einfach durch die Löcher ziehen und innen zusammenknoten.

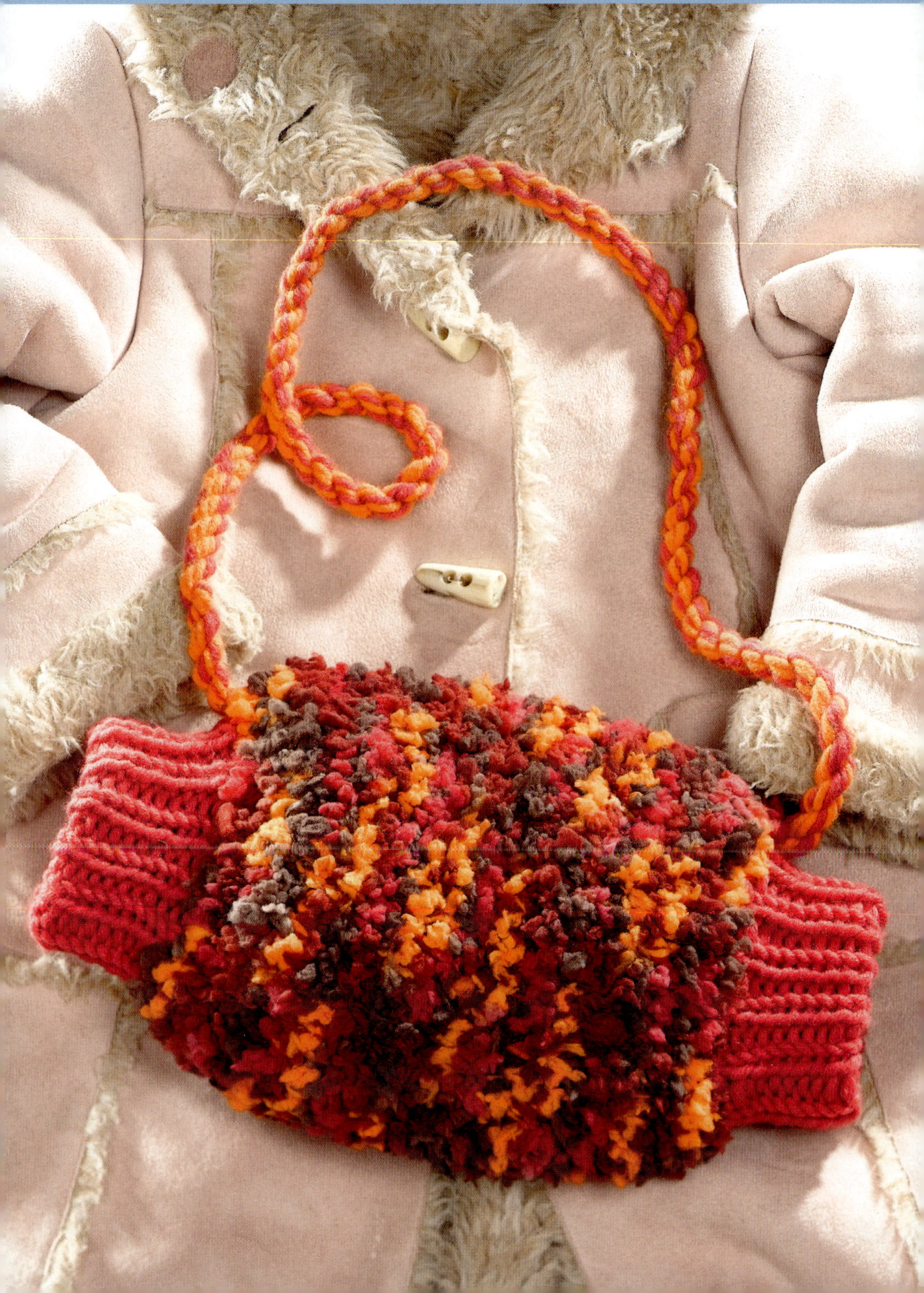

Herrenfingerhandschuhe

→ klassisch schön

GRÖSSE
9

MATERIAL
- Regia 6fädig Tweed in Anthrazit tweed (Fb 98), 100 g
- Regia 6fädig in Flanell meliert (Fb 33), 50 g
- 2 Nadelspiele 3-4
- dünne Hilfsnadel

MASCHENPROBE
Mit Nd 3-4 bei glatt rechts 22 M und 30 Rd = 10 cm x 10 cm

Bündchenmuster
1 M rechts, 1 M links im Wechsel

Glatt rechts
In Runden jede Rd rechts str

Grundmuster
M-Zahl teilbar durch 4
Hebemaschenmuster nach Strickschrift str, dabei den Rapport von 4 M stets wdh. Die 1.-4. Rd stets wdh. Über die M des Daumenkeils und der Innenhand glatt rechts str.

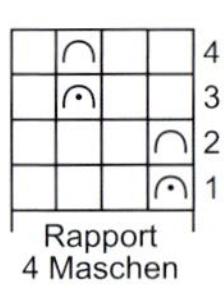

ZEICHENERKLÄRUNG

☐ = 1 rechte M

◠̇ = 1 M wie zum Linksstr abheben, der Faden liegt **vor** der M

◠ = 1 M wie zum Linksstr abheben, der Faden liegt **hinter** der M

Anleitung
Für den rechten Handschuh 48 M in Anthrazit meliert anschlagen und für das doppelte Bündchen ca. 15 cm im Bündchenmuster str. Die nächste Rd rechts str, dabei die M des Anschlages auf eine dünne Hilfsnd nehmen und das Bündchen nach innen klappen; die Hilfsnd liegt jetzt hinter der Arbeitsnd. Danach von Rd-Beginn bis Rd-Ende immer 1 M der vorderen Nd mit einer M der Hilfsnd rechts zusammenstr.
In Anthrazit meliert noch 2 Rd glatt rechts str, dann die Mittelhand im Grundmuster nach der Grundanleitung bis zu einer Höhe von 11,5 cm ab Bündchen str. Dabei in der 3. Rd mit den Zunahmen für den Daumenkeil beginnen: Vor und nach der 3. M der 1. Nd je 1 M zunehmen (rechts verschränkt aus dem Querfaden str). Danach 3x in jeder 3. Rd, dann 4x in jeder 2. Rd beidseitig je 1 M zunehmen (= 17 M für den Daumenkeil). Daumen und Finger in Anthrazit meliert nach der Grundanleitung str.

Den linken Handschuh gegengleich arbeiten.

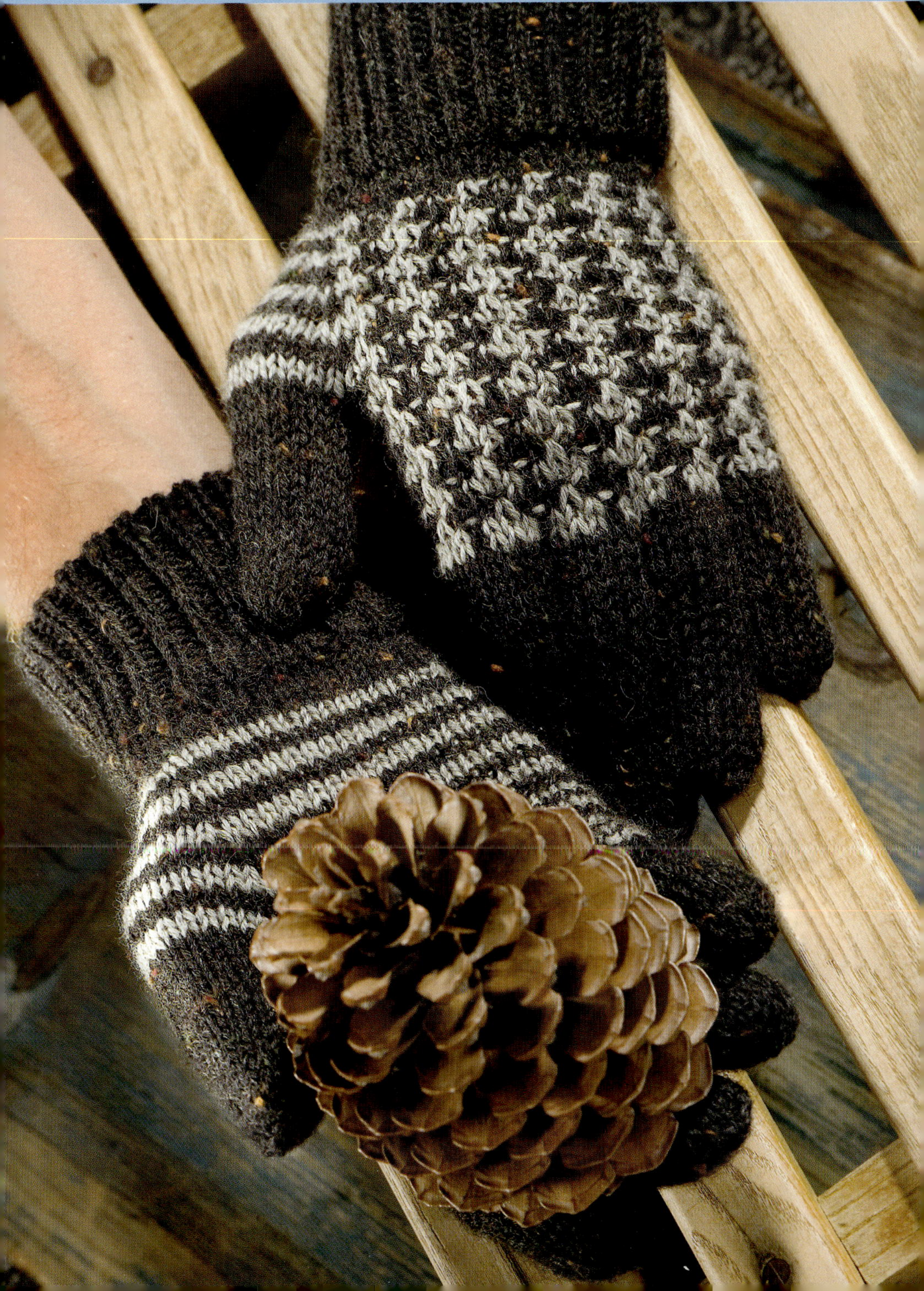

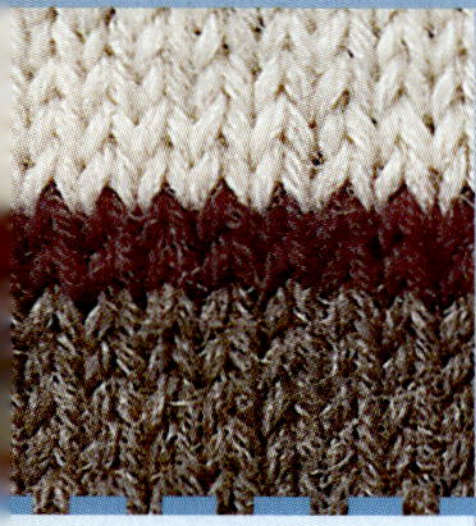

Herrenfausthandschuhe

→ **Nostalgie pur**

GRÖSSE
9

MATERIAL
- Regia 6fädig in Borke meliert (Fb 2140), 50 g
- Regia 6fädig in Leinen meliert (Fb 2143), 50 g
- Schachenmayr Extra in Burgund (Fb 3535), Rest oder 50 g
- Nadelspiel 3-4

MASCHENPROBE
Mit Nd 3-4 bei glatt rechts 22 M und 30 Rd = 10 cm x 10 cm

Bündchenmuster

2 M rechts, 2 M links im Wechsel

Glatt rechts

In Runden jede Rd rechts str

Streifenfarbfolge

* 2 Rd in Burgund, 6 Rd in Leinen meliert, 2 Rd in Burgund, 6 Rd in Borke meliert ab * stets wdh.

Anleitung

Für den rechten Handschuh 48 M in Borke meliert anschlagen und ca. 9,5 cm im Bündchenmuster str. Die nächste Rd rechts str und dann in der Streifenfarbfolge weiterstr.
In der 3. Rd ab Bündchen die 1. Zunahme für den Daumenzwickel arbeiten: Beidseitig der 3. M der 1. Nd je 1 M aus dem Querfaden herausstr. Diese Zunahmen noch 3x in jeder 3. Rd und 4x in jeder 2. Rd wdh bis die Zwickelbreite von 17 M erreicht ist. Über alle M noch 2 Rd str und die M des Daumenzwickels stilllegen. 3 M oberhalb der stillgelegten M anschlagen und die Rd beenden. Danach in der 2. folgenden Rd die ersten 2 Steg-M rechts zusammenstr, nächste M abheben, 1 M rechts str, abgehobene M überziehen = 12 M auf der 1. Nd.

In 16,5 cm Höhe die ersten Abnahmen für die Bandspitze nach Grundanleitung str, dabei nach dem Streifen in Burgund die Spitze in Leinen meliert str. Die Abnahmen noch 3x in jeder 2. Rd und 6x in jeder Rd wdh bis noch 8 M übrig sind. Diese mit doppeltem Faden zusammenziehen und Fäden vernähen.

Für den Daumen in Leinen meliert zu den M des Daumenzwickels aus dem Querfaden vor dem Daumensteg 1 M, aus den 3 Steg-M je 1 M und aus dem Querfaden nach dem Steg rechts verschränkt auffassen (= 24 M) und die M auf 3 Nd verteilen. In der 1. Rd die beiden M vor dem Steg rechts verschränkt, die beiden M nach dem Steg rechts zusammenstr. Nun bis ca. 5 mm vor Daumenende str und für die Spitze in jeder Rd immer 2 M rechts zusammenstr bis nur noch 4 - 6 M übrig sind. Diese M mit doppeltem Faden zusammenziehen, Fäden vernähen.

Den linken Handschuh gegengleich arbeiten.

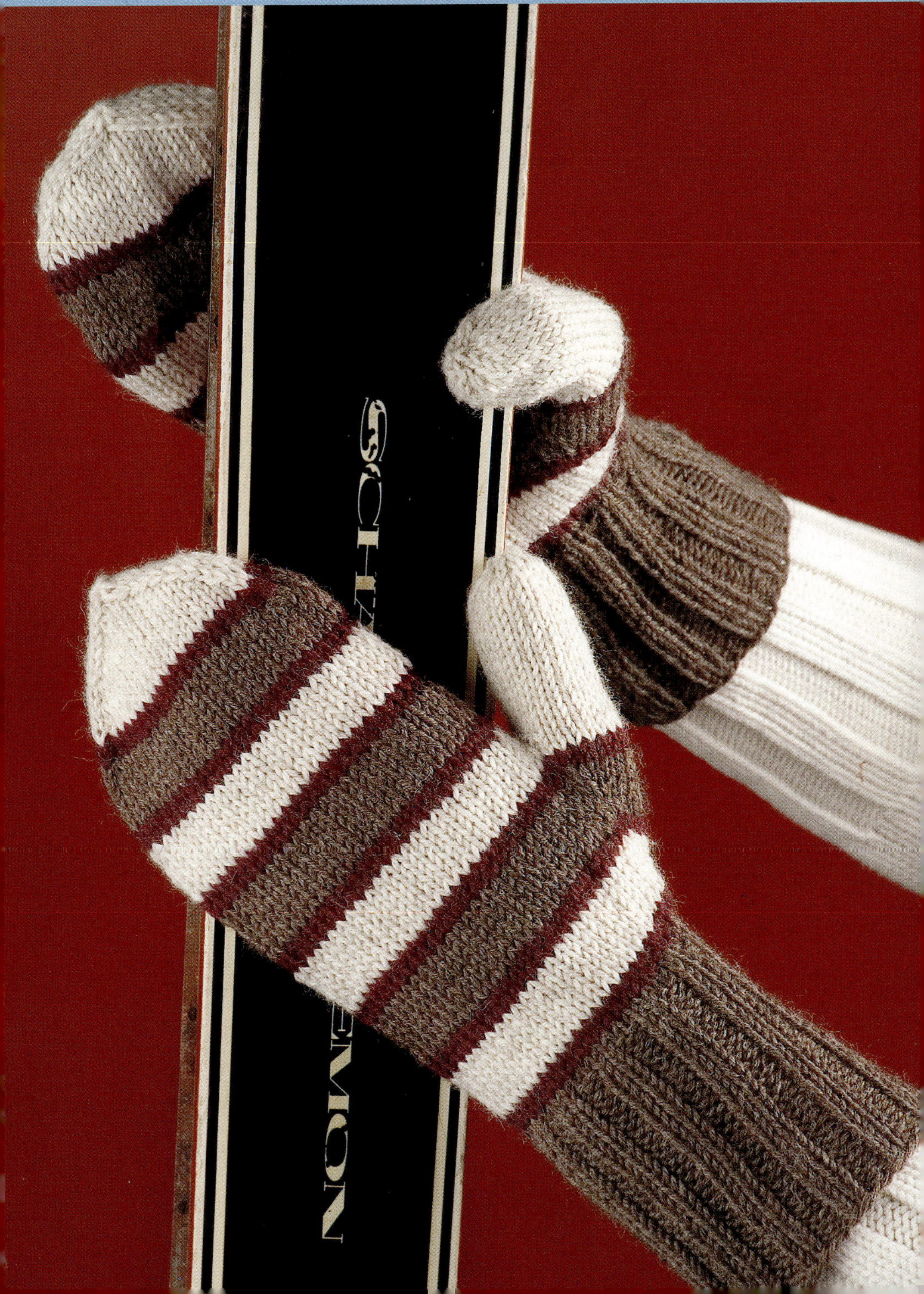

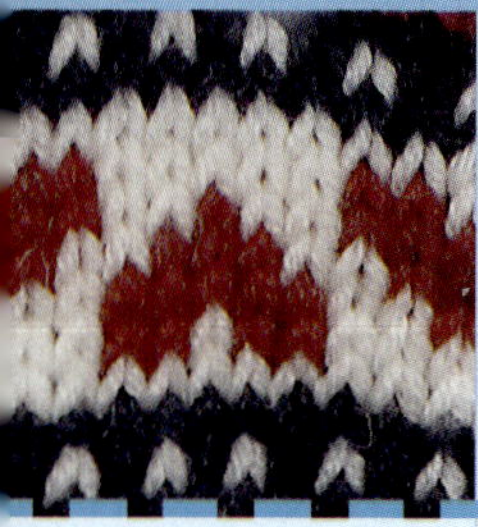

Partnerhandschuh

→ für romantische Winterspaziergänge

GRÖSSE
Einheitsgröße

MATERIAL
- Schachenmayr Extra Merino in Rubin (Fb 31) und Marine (Fb 50), je 50 g
- Schachenmayr Extra Merino in Wollweiß (Fb 02), Rest oder 50 g
- 2 Nadelspiele 3-4

MASCHEN-PROBE
Mit Nd 3-4 bei glatt rechts 22 M und 32 Rd = 10 cm x 10 cm

Bündchenmuster
1 M rechts, 1 M links im Wechsel

Glatt rechts
In Runden jede Rd rechts str

Jacquardmuster
Glatt rechts jede Rd nach Zählmuster str, dabei den Rapport von 10 M stets wdh

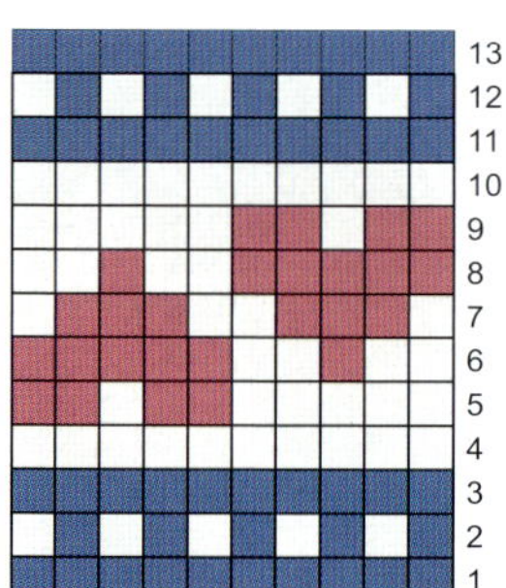

Rapport 10 Maschen

ZEICHENERKLÄRUNG
- ■ = 1 M in Rubin
- ■ = 1 M in Marine
- □ = 1 M in Wollweiß

Anleitung
Mit einem Nadelspiel und Extra Merino in Rubin 44 M anschlagen, 15 cm im Bündchenmuster, dann 4 cm glatt rechts str. Mit dem zweiten Nadelspiel und Extra Merino in Marine 48 M anschlagen und 15 cm im Bündchenmuster str. Dann weiter in Rubin 4 cm glatt rechts str, dabei in der 1. Rd pro Nd je 1 M abnehmen. Nun werden die beiden Teile zusammengefügt. Dafür beim Teil mit dem roten Bündchen die letzten 2 M der 1. Nd und ersten 2 M der 2. Nd, beim anderen Teil die letzten 2 M der 3. Nd und ersten 2 M der 4. Nd abketten. Beim roten Teil die M der 1. Nd str, dann die M des blauen Teils (Reihenfolge: Nd 4, 1, 2, 3) und die restlichen M des roten Teils str. Alle M gleichmäßig auf 4 Nd verteilen (20 M pro Nd), ca. 1,5 cm glatt rechts, dann das Jacquardmuster über 13 Rd str. Weiter glatt rechts in Rubin und die Abnahmen für die Bandspitze wie in der Grundanleitung beschrieben arbeiten. 1. Abnahmen in der 4. Rd nach dem Jacquardmuster, dann 1x in folgender 4. Rd, 8x in jeder 3. Rd, 3x in jeder 2. Rd und 8x in jeder Rd abnehmen bis nur noch 2 M pro Nd übrig sind. Die M mit doppeltem Faden zusammenziehen und Fäden vernähen. Die Naht zwischen den beiden Teilen schließen.

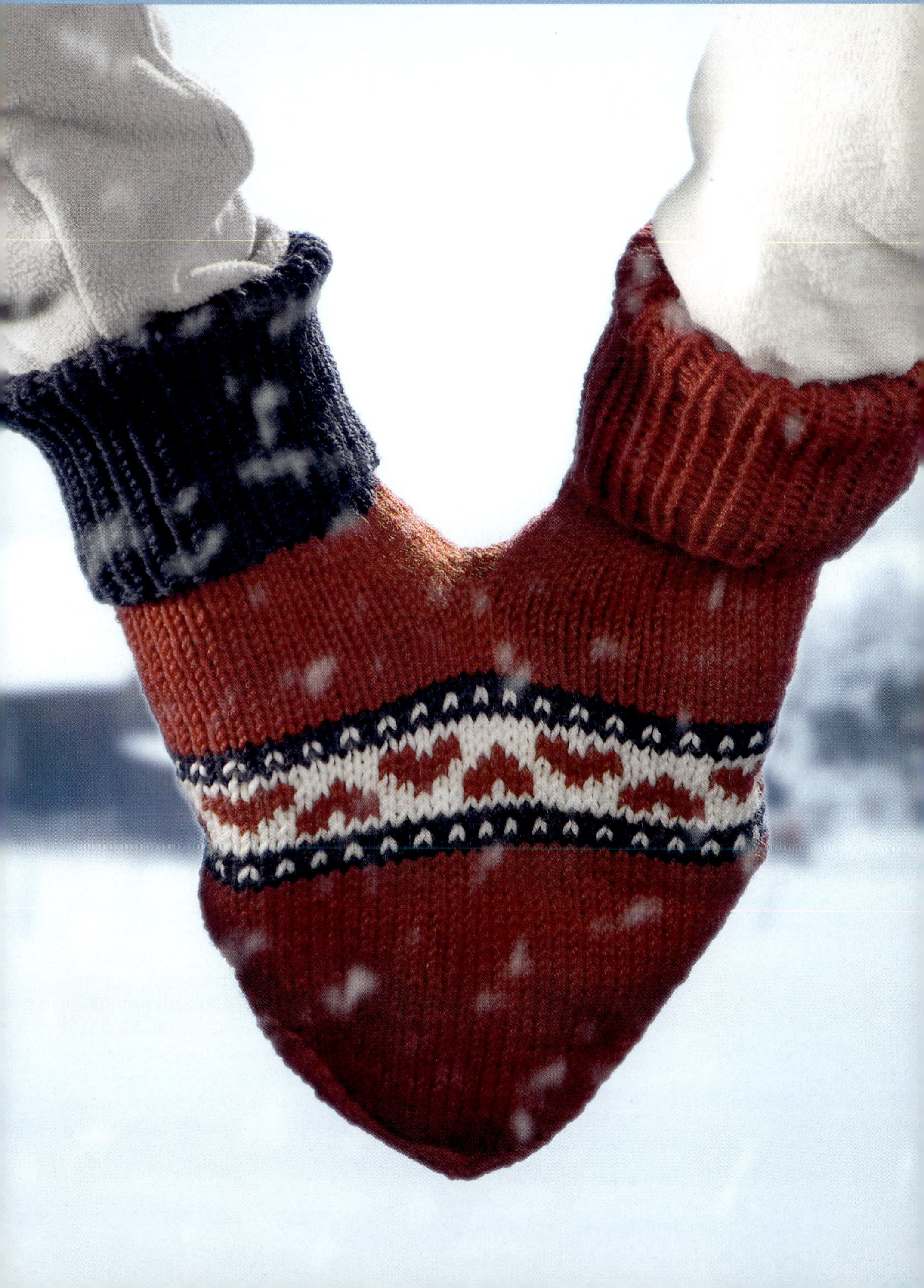

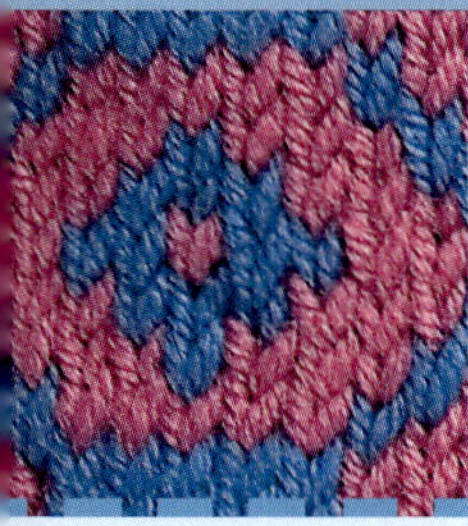

Damenfäustlinge

→ mit Puschelstulpe

GRÖSSE
7,5 - 8,5

MATERIAL
- Schachenmayr Rosato in Traube (Fb 49), 50 g
- Schachenmayr Extra Merino in Pink (Fb 34) und Mosaikblau (Fb 55), je 50 g
- Nadelspiel 3-4

MASCHEN-PROBE
Mit Nd 3-4 und Extra Merino bei glatt rechts 22 M und 30 Rd = 10 cm x 10 cm

Bündchenmuster
2 M rechts, 2 M links im Wechsel

Glatt rechts
In Runden jede Rd rechts str

Jacquardmuster
Glatt rechts in Jacquardtechnik nach Zählmuster str.
1x die 1.-17. Rd str, dabei den Rapport von 12 M stets wdh.

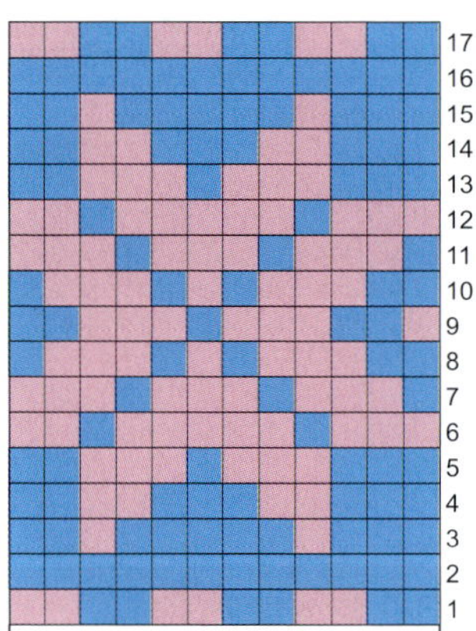

ZEICHENERKLÄRUNG
- = 1 M in Pink
- = 1 M in Mosaikblau

Anleitung
Für den rechten Handschuh mit Rosato 40 M anschlagen und ca. 12,5 cm im Bündchenmuster str. Weiter glatt rechts in Extra Merino in Pink und in der 1. Rd verteilt 2 M je Nd zunehmen = 48 M.
In der 3. Rd ab Bündchen die 1. Zunahme für den Daumenzwickel arbeiten: Beidseitig der 3. M der 1. Nd je 1 M aus dem Querfaden herausstr. Diese Zunahmen noch 3x in jeder 3. Rd und 3x in jeder 2. Rd wdh bis Zwickelbreite = 15 M erreicht ist.
Über alle M noch 2 Rd str, die M des Daumenzwickels stilllegen. 3 M oberhalb der stillgelegten M neu anschlagen und die Rd beenden. Danach in der 2. folgenden Rd die ersten 2 Steg-M rechts zusammenstr, nächste M abheben, 1 M rechts str, abgehobene M überziehen = 12 M auf der 1. Nd.
Noch 2 Rd glatt rechts in Pink str und dann das Jacquardmuster str, danach wieder in Pink weiterstr und für die Bandspitze in ca. 16 cm ab Bündchen die 1. Abnahme nach der Grundanleitung str. Die Abnahmen noch 3x in jeder 2. Rd und 6x in jeder Rd wdh bis noch 8 M übrig sind. Diese M mit doppeltem Faden zusammenziehen und Fäden vernähen.

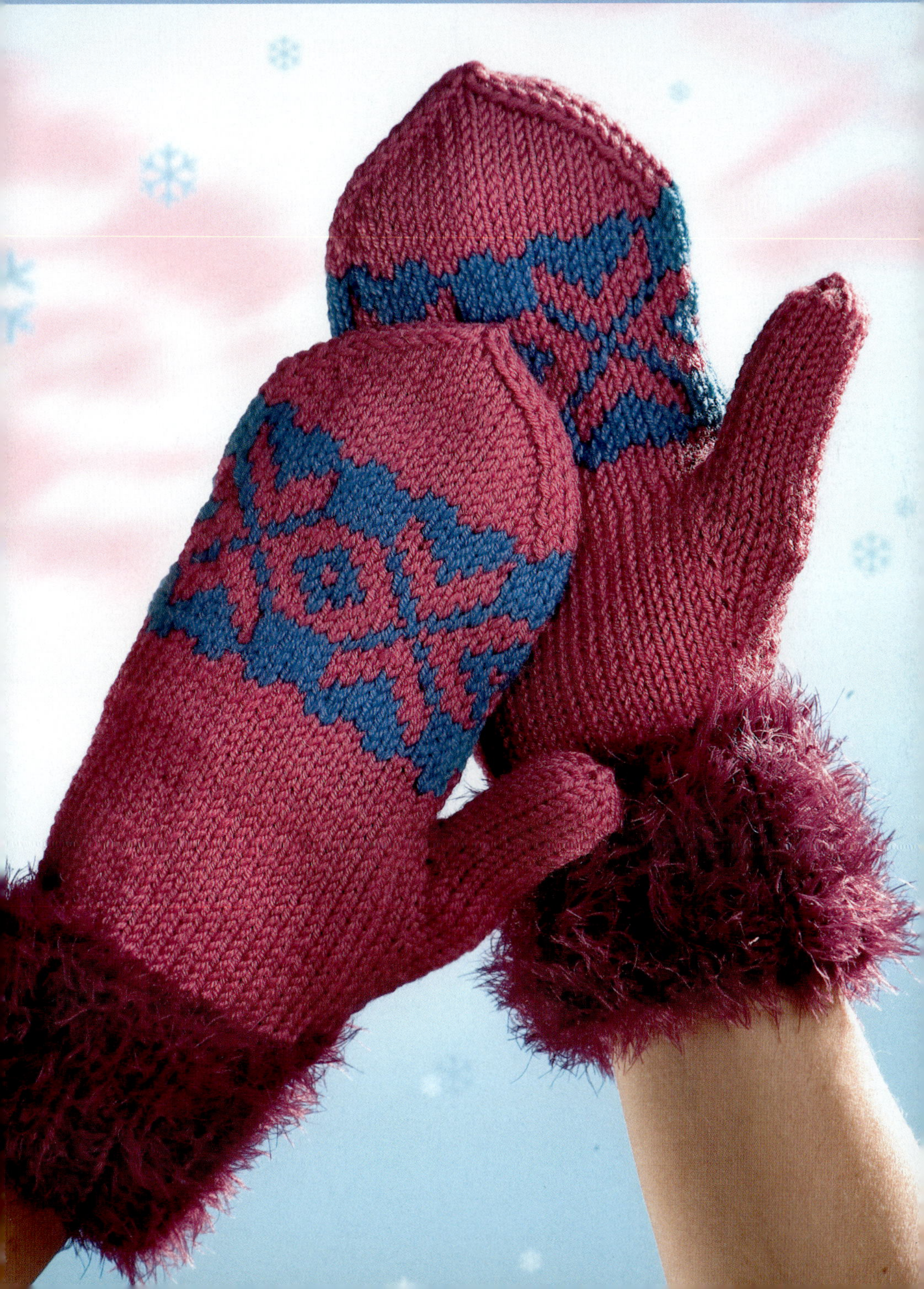

WEITER-
FÜHRUNG

Damen-fäustlinge

Für den Daumen aus dem Querfaden vor dem Daumensteg 1 M, aus den 3 Steg-M je 1 M und aus dem Querfaden nach dem Steg rechts verschränkt auffassen (= 20 M) und die M auf 3 Nd verteilen. In der 1. Rd die beiden M vor dem Steg rechts verschränkt, die beiden M nach dem Steg rechts zusammenstr. Nun bis ca. 5 mm vor Daumenende str und für die Spitze in jeder Rd 2 M rechts zusammenstr bis nur noch 4 - 6 M übrig sind. Diese M mit doppeltem Faden zusammenziehen, Fäden vernähen.

Den linken Handschuh gegengleich arbeiten.

Lange Stulpen mit Puschelrand

→ nicht nur für den Abend

LÄNGE
ca. 48 cm

MATERIAL
- Regia Silk in Schwarz (Fb 99), 100 g
- Schachenmayr Brazilia Lungo in Schwarz (Fb 299), 50 g oder Rest
- Nadelspiel 3-3,5
- Nadelspiel 2-3

MASCHEN-PROBE
Mit Nd 2-3 und Regia Silk bei glatt rechts 30 M und 42 Rd = 10 cm x 10 cm

Bündchenmuster

1 M rechts, 1 M links im Wechsel

Grundmuster

M-Zahl teilbar durch 4
1. Rd bzw. Lochrunde: * 1 U, 2 M links zusammenstr, 2 M links, ab * stets wdh
2.-8. Rd: * 1 M rechts, 3 M links, ab * stets wdh.
1.-8. Rd stets wdh

1. Abnahmerunde in einer Lochrunde: * 1 U, 2x 2 M links zusammenstr, ab * stets wdh
2.-8. Rd: * 1 M rechts, 2 M links, ab * stets wdh

Anleitung

Für die Stulpe mit Nd 3-3,5 und Brazilia Lungo 48 M anschlagen und 3 Rd im Bündchenmuster str. Weiter mit den dünneren Nd und Regia Silk 1 Rd linke M str, dabei pro Nd verteilt 4 M aus dem Querfaden herausstr = 64 M gesamt. Im Grundmuster 11 Rapporte (= ca. 22 cm) str und dann die M-Zahl reduzieren in einer Lochrunde wie beim Grundmuster beschrieben = 48 M. In dieser Einteilung noch ca. 18 cm str und dann wieder die M-Zahl reduzieren: 1 M rechts, 2 M links zusammenstr, danach im Bündchenmuster noch ca. 5 - 6 cm str und mit Nd 3-3,5 und Brazilia Lungo noch 2 Rd im Bündchenmuster str und die M locker abketten.

Beide Stulpen gleich arbeiten.

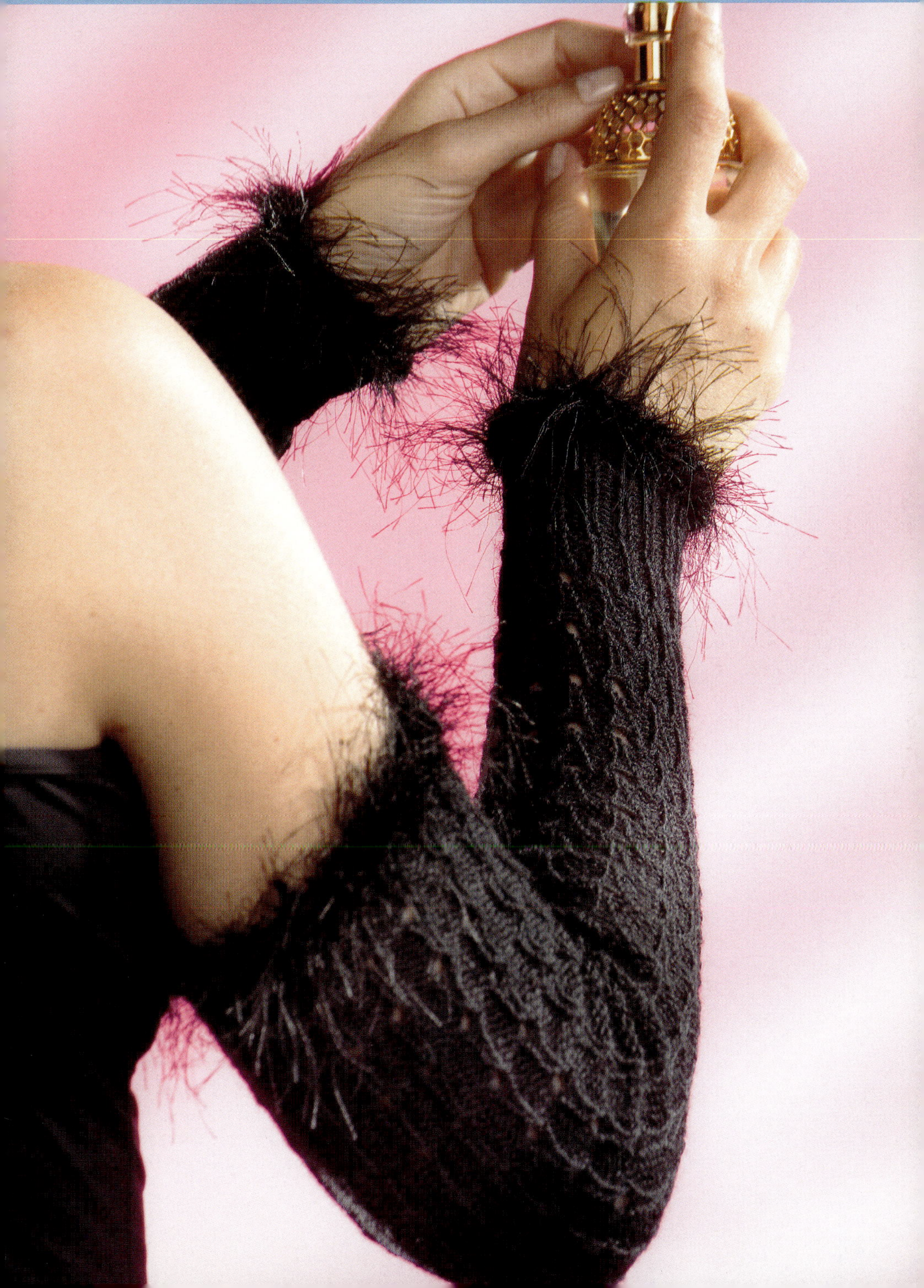

Dicke Handschuhe mit Zopf

→ für Sie und Ihn

GRÖSSE
8 (Damenhandschuhe)
9,5 (Herrenhandschuhe)

MATERIAL
- Nadelspiel 7-8
- Hilfsnadel

DAMENHANDSCHUHE
- Schachenmayr Boston in Natur (Fb 02), 100 g

HERRENHANDSCHUHE
- Schachenmayr Boston in Loden meliert (Fb 78), 150 g

MASCHENPROBE
Mit Nd 7-8 bei glatt rechts 12 M und 18 Rd = 10 cm x 10 cm

Bündchenmuster
1 M rechts, 1 M links im Wechsel

Glatt rechts
In Runden jede Rd rechts str

Zopfmuster
Es sind alle Rd gezeichnet. In Rd nach Strickschrift str. Die 1.-4. Rd stets wdh.

Hinweis: Die abweichenden Angaben für den Herrenhandschuh stehen in Klammern.

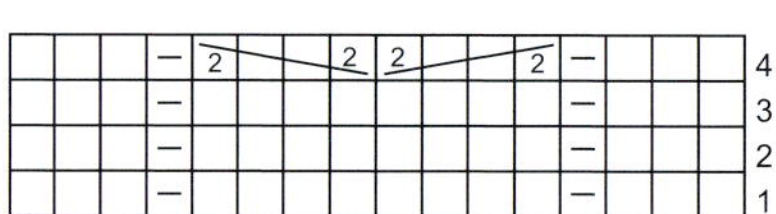

Rapport 14 bzw 16 Maschen

ZEICHENERKLÄRUNG

□ = 1 rechte M

⊟ = 1 linke M

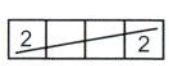 = 4 M nach rechts verkreuzen = 2 M auf einer Hilfsnd **hinter** die Arbeit legen, 2 M rechts, die M der Hilfsnd rechts

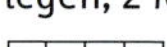 = 4 M nach links verkreuzen = 2 M auf einer Hilfsnd **vor** die Arbeit legen, 2 M rechts, die M der Hilfsnd rechts

Anleitung
Für den rechten Handschuh 24 (28) M anschlagen und 16 cm im Bündchenmuster str. Dann über die M der 1. und 2. Nd glatt rechts str, das Zopfmuster über den Handrücken str, dabei in 1. Rd bei der 3. und 4. Nd je 2 M verteilt zunehmen und die M laut Strickschrift einteilen. In dieser Einteilung bis zu einer Höhe von 7 (8) cm ab Bündchen str und für den Daumenschlitz die ersten 4 (6) M der 1. Nd stilllegen. Für den Daumensteg in der nächsten Rd wieder 4 (6) M neu anschlagen und zur Rd schließen. In der Mustereinteilung bis zu einer Höhe von 16 (18) cm str und in einer 1. Rapport-Rd des Zopfmusters mit den Abnahmen für die Bandspitze beginnen: Bei der 1. und 3. Nd 2 M rechts überzogen zusammenstr (die erste M wie zum Rechtsstr abheben, die nächste M rechts str und die abgehobene M darüberziehen). Bei der 2. und 4. Nd die beiden ersten M rechts zusammenstr. In der nächsten Rd bei der 3. Nd im Zopf 2x 2 M rechts überzogen zusammenstr, bei der 4. Nd 2x 2 M rechts zusammenstr = gleiche M-Zahl pro Nd. Die Abnahmen

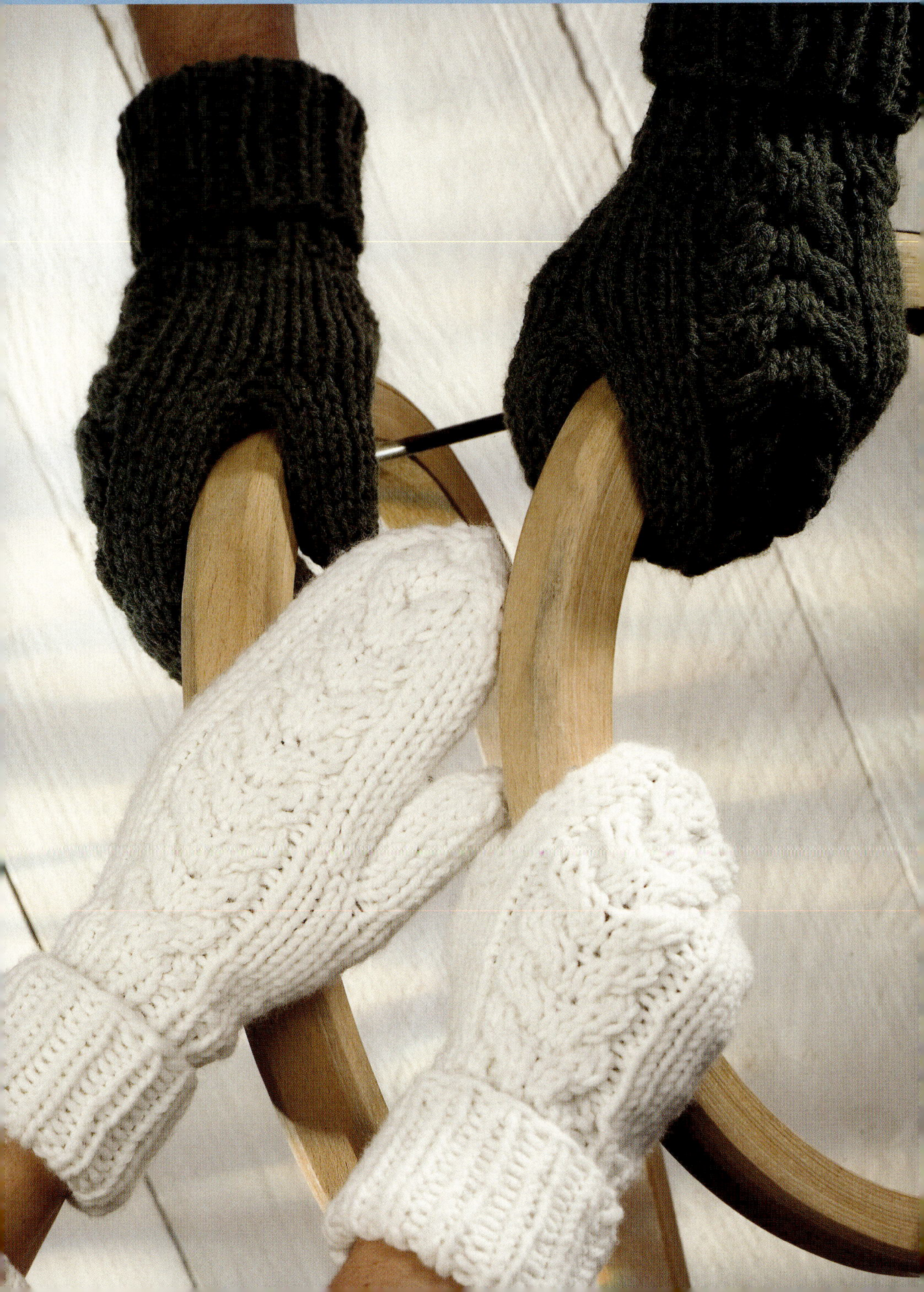

WEITER-
FÜHRUNG

Dicke Handschuhe mit Zopf

für die Bandabnahme 1x in der 2. folgenden Rd und 2x (3x) in jeder Rd wdh, bis nur noch 8 M übrig sind. Mit doppeltem Faden zusammenziehen und Fäden vernähen.
Für den Daumen mit 3 Nd in Rd str. Mit einem neuen Faden die 4 (6) stillgelegten M str und 6 (8) M aus dem Daumensteg herausstr: 4 (6) M aus dem Steg und jeweils rechts und links des Daumens je 1 M rechts verschränkt aus dem Querfaden = 10 (12) M. In Rd glatt rechts bis zu einer Höhe von ca. 6 (7) cm str, dann immer 2 M rechts zusammenstr bis nur noch 3 M übrig sind. Die M mit doppeltem Faden zusammenziehen und Fäden vernähen.

Den linken Handschuh gegengleich arbeiten.

Rustikale Stulpen

→ mit hübscher Stickerei

GRÖSSE
8

MATERIAL
- Schachenmayr Two in One in Ondé Steppe (Fb 07), 100 g
- Schachenmayr Extra Merino in Kürbis (Fb 26), Rubin (Fb 31) und Tanne (Fb 70), Reste
- 6 Holzperlen in Hellbraun, ø ca. 6 mm
- Nadelspiel 4-5
- Häkelnadel Nr. 3-4

MASCHENPROBE
Mit Nd 4-5 bei glatt rechts 15 M und 16 Rd = 10 cm x 10 cm

Bündchenmuster

3 M rechts, 1 M links im Wechsel

Glatt rechts

Hinr rechts, Rückr links, bzw. in Runden jede Rd rechts str

Anleitung

Mit dem Nadelspiel 32 M in Two in One anschlagen und 1 Rd linke M str. Weiter ca. 20 cm im Bündchenmuster str, danach 5 cm glatt rechts. Nach ca. 25 cm ab Anschlag für den Daumenschlitz die Arbeit zwischen der 1. und 4. Nd teilen und glatt rechts in Hin- und Rückr weiterstr. In 5,5 cm Schlitzhöhe noch 3 cm glatt rechts in Runden weiterstr. M links abketten.

Beide Stulpen gleich arbeiten.

Fertig stellen

Auf den Handrücken eine Blume nach Abbildung sticken: Blüte im Spannstich, Blätter im Plattstich, Stängel im Stielstich. In die Mitte der Blüte je drei Perlen nähen. Um den Abkettrand Km in Rubin häkeln.

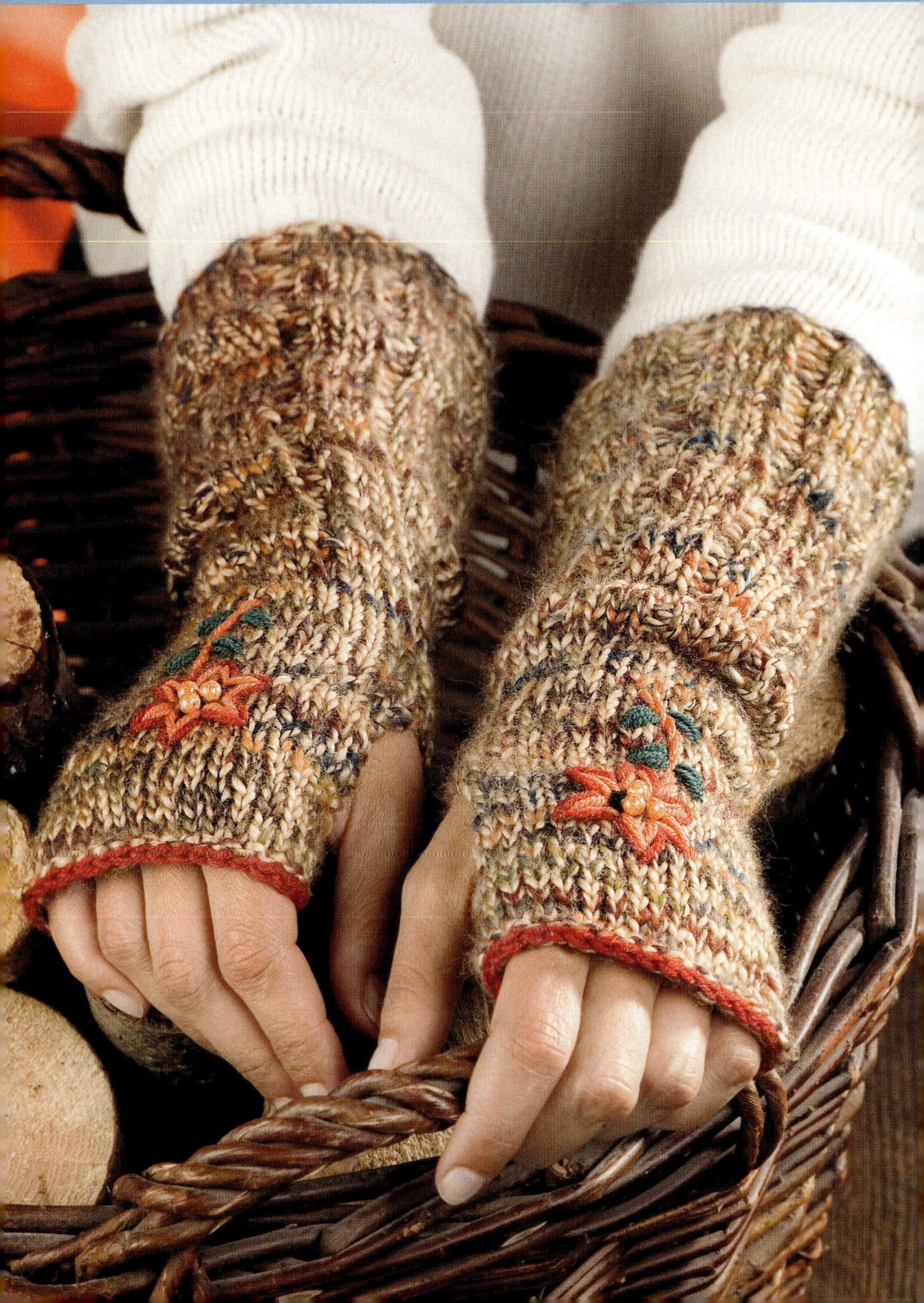

Marktfrauenhandschuhe

→ ziemlich praktisch

GRÖSSE
7,5

MATERIAL
- Schachenmayr Extra Merino in Marine (Fb 50), Rubin (Fb 31), Moos (Fb 72), Kürbis (Fb 26) und Pink (Fb 34), je 50 g
- 2 Nadelspiele 3-4

MASCHEN-PROBE
Mit Nd 3-4 bei glatt rechts 22 M und 30 Rd = 10 cm x 10 cm

Bündchenmuster

1 M rechts, 1 M links im Wechsel

Glatt rechts

In Runden jede Rd rechts str

Zweifarbiges Halbpatentmuster

Gerade M-Zahl
1. Rd in Marine: alle M rechts str
2. Rd in Kürbis: alle M links str
3. Rd in Marine: * 1 M links , dann 1 M recht str, dabei 1 Rd tiefer einstechen, dabei löst sich die M der Vor-Rd auf, ab * stets wdh.

Nach der 1. Rd die 2. und 3. Rd stets wdh.

Streifenmuster

Hebemaschen: 1 M links abheben, dabei liegt der Faden immer hinter der M
1.+2. Rd: in Marine glatt rechts
3.+4. Rd: in Moos * 3 M rechts str, 1 M links abheben, ab * stets wdh
5.+6. Rd: in Moos glatt rechts
7.+8. Rd: in Kürbis * 1 M rechts, 1 M links abheben, 2 M rechts, ab * stets wdh
9.+10. Rd: in Kürbis glatt rechts
11.+12. Rd: in Rubin wie 3.+4. Rd
13.+14. Rd: in Rubin glatt rechts
15.+16. Rd: in Pink wie 7.+8. Rd
17.+18. Rd: in Pink glatt rechts
19.+20. Rd: in Marine wie 3.+4. Rd

Anleitung

Für den rechten Handschuh 44 M in Marine anschlagen, 2 Rd glatt rechts str und 6 cm im zweifarbigen Halbpatentmuster str. Die Mittelhand in Marine glatt rechts nach der Grundanleitung für Fingerhandschuhe arbeiten, dabei nach 7 cm ab Bündchen über die M der 3. und 4. Nd eine Rd linke M str. Aus den unteren, quer liegenden Maschenschlingen lassen sich später die M für die Fingerkappe schön auffassen. Weiter glatt rechts str und nach 10 cm mit den einzelnen Fingern beginnen. Den kleinen Finger glatt rechts in Moos nach der Grundanleitung str und nach 2 cm abketten. Ringfinger in Rubin, Mittelfinger in Kürbis, Zeigefinger in Pink und Daumen in Marine str, jeweils nach 2 cm abketten.

Für die Fingerkappe in Rubin mit 2 Nd des Nadelspiels 22 M neu anschlagen, aus den M des Handrückens ebenfalls 22 M auffassen und zur Rd schließen. Über die M der 1. und 2. Nd im Bündchenmuster str, über die M der 3. und 4. Nd glatt rechts str. Nach 2 cm das Streifenmuster str und die Bandspitze glatt rechts in Marine nach der Grundanleitung arbeiten.
Abnahmen nach der 1. Bandabnahme: Noch 3x in jeder 2. Runde, danach in jeder Runde je 4 Maschen abnehmen bis nur noch 8 Maschen übrig sind.

Den linken Handschuh gegengleich arbeiten.

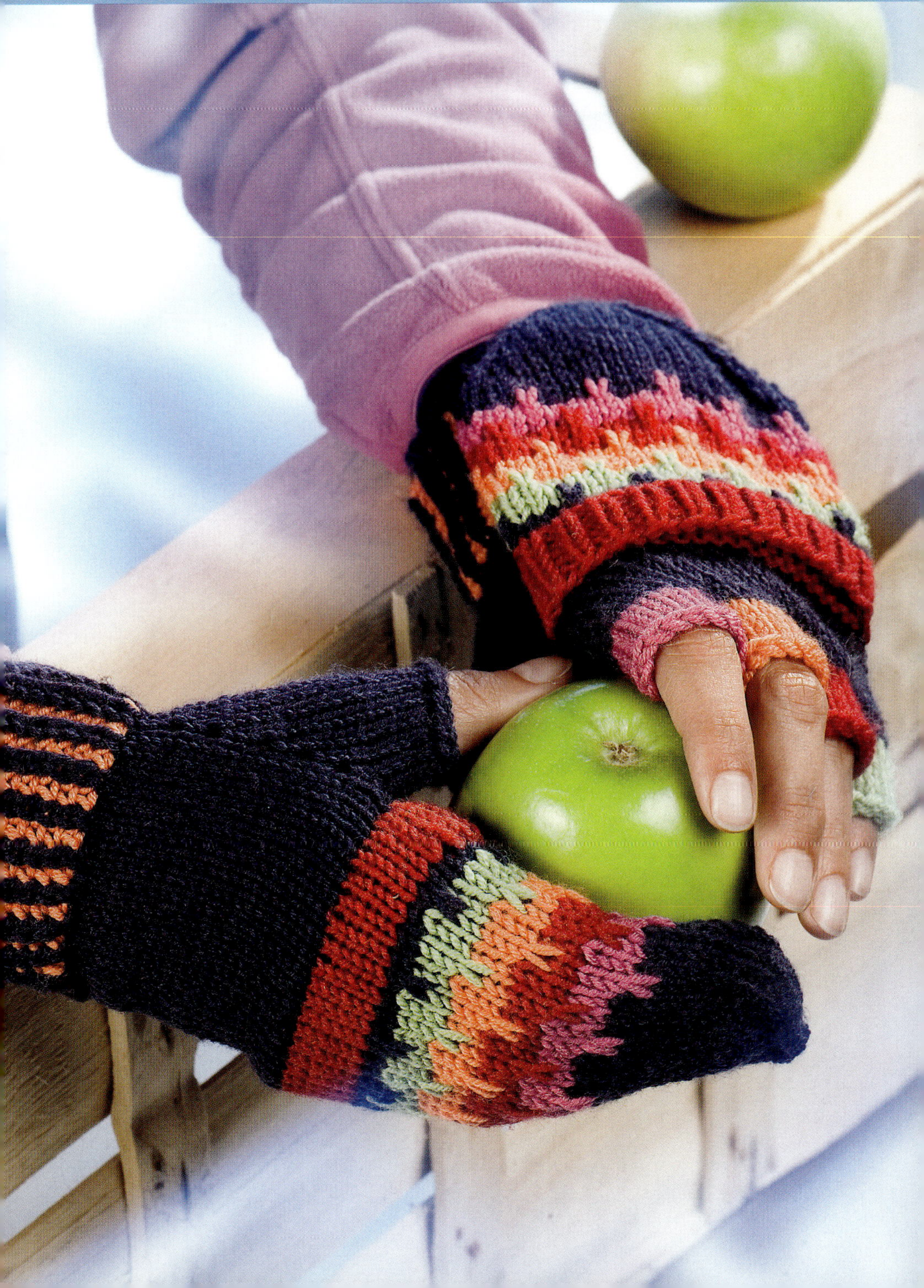

Warme Fäustlinge

→ mit kühlem Norwegermuster

GRÖSSE
7,5

MATERIAL
- Schachenmayr Extra Merino in Dezentblau (Fb 53) und Wollweiß (Fb 02), 50 g
- Nadelspiel 3-4

MASCHEN-PROBE
Mit Nd 3-4 bei glatt rechts 22 M und 30 R = 10 cm x 10 cm

Jacquardmuster 26 M und 28 Rd = 10 cm x 10 cm

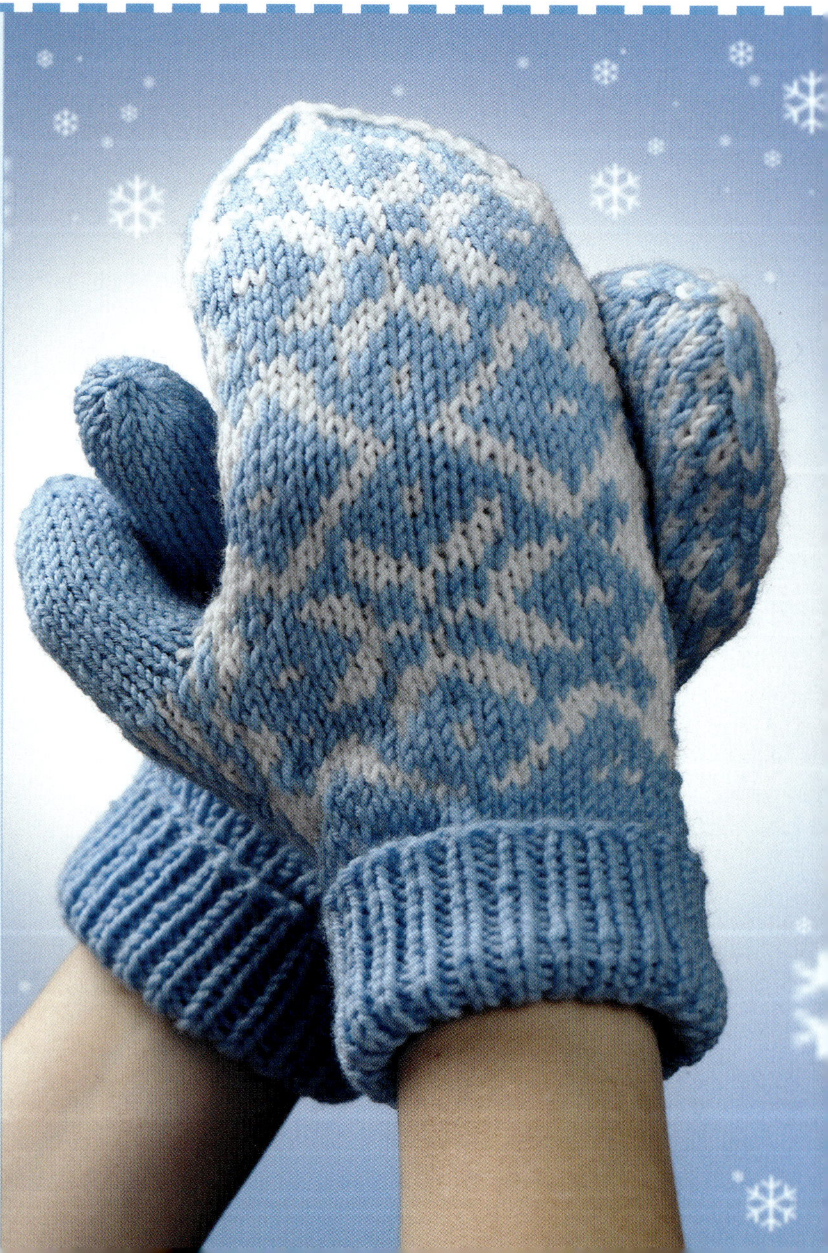

Bündchenmuster

1 M rechts, 1 M links im Wechsel

Glatt rechts

In Runden jede Rd rechts str

Grundmuster

In Jacquardtechnik jede Rd nach Zählmuster str. Für das Muster der Innenhand den Rapport von 2 M stets wdh.

Anleitung

Für den rechten Handschuh 46 M anschlagen und ca. 6 cm im Bündchenmuster str. In Dezentblau 3 Rd glatt rechts str, dann nach dem Zählmuster str. Daumenzwickel und Bandspitze wie gezeichnet, Daumen nach Grundanleitung str.

Tipp: Ein Norwegerfingerhut (z. B. von Prym) ist hilfreich. Die Fäden werden durch die Ösen geführt und verheddern sich nicht so leicht.

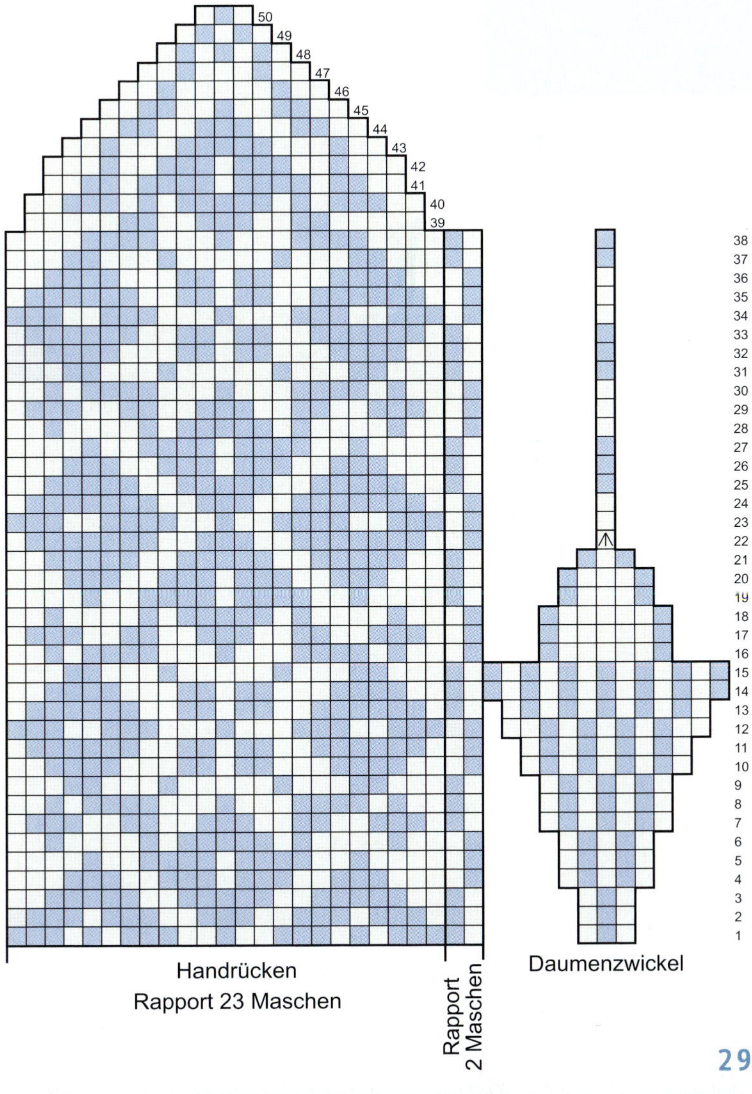

ZEICHENERKLÄRUNG

- [blaues Kästchen] = 1 M in Dezentblau
- [weißes Kästchen] = 1 M in Wollweiß
- ⩚ = in der entsprechenden Farbe 2 M rechts abheben, die folgenden M rechts str und die abgehobene M überziehen

Damenfingerhandschuhe

→ sehr edel

GRÖSSE
8

MATERIAL
- Regia Silk in Kamel meliert (Fb 12), 100 g Regia Silk in Natur, Rest
- 24 Wachsperlen in Creme, ø 6 mm
- 1 Paar Stricknd 2-3
- 2 Nadelspiele 2-3
- Häkelnadel Nr. 2
- Nähnadel, Nähgarn

MASCHENPROBE
Mit Nd 2-3 bei glatt rechts 30 M und 42 Rd = 10 cm x 10 cm

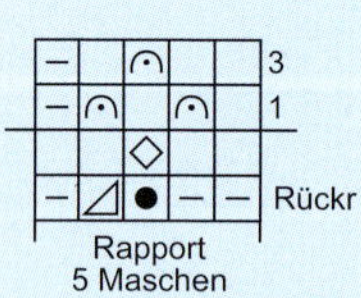

Kraus rechts

In Reihen jede R rechts str

Glatt rechts

Hinr rechts, Rückr links, bzw. in Runden jede Rd rechts str

Grundmuster

M-Zahl teilbar durch 5
Nach Strickschrift arbeiten, es sind nur die Hinr bzw. die ungeraden Rd gezeichnet. In den Rückr bzw. in den geraden Rd die M str wie sie erscheinen. Den Rapport von 5 M stets wdh, die 1.-4. R/Rd stets wdh.

Perlen auffädeln

Nehmen Sie ein Nähgarn doppelt und fädeln Sie die losen Enden durch eine Nähnd. Den Faden von Regia Silk ca. 20 cm lang durch die Nähgarnschlinge ziehen und die Perlen über die Nähnd auffädeln.

ZEICHENERKLÄRUNG

□ = 1 rechte M

⊟ = 1 linke M

◇ = 1 M rechts verschränkt

⌒ = 1 M links abheben, der Faden liegt **vor** der Arbeit

● = 1 U, dabei die Perle auf dem Faden zwischen U und nächster M fassen

◺ = 2 M links zusammenstricken

Anleitung

Für den rechten Handschuh 12 Perlen auffädeln. 62 M mit Stricknd anschlagen und 3 R kraus rechts str. In der nächsten Rückr die Perlen einstr (siehe Strickschrift), nächste R rechts str, die U mit den Perlen rechts verschränkt. Noch 3 R kraus rechts str, dann im Grundmuster str. Die ersten und letzen beiden M kraus rechts str, dafür die M auf 4 Nd verteilen. Nach ca. 6,5 cm in Rd weiterstr, dabei die ersten beiden M der 1. Nd und die letzten beiden M der 4. Nd jeweils links zusammenstr = 60 M insgesamt. Die Mittelhand nach der Grundanleitung str, dabei über die M des Handrückens im Grundmuster, über die M des Daumenzwickels und der Innenhand glatt rechts. Für den Daumenzwickel in 12 cm ab Anschlag beginnen, dabei vor und nach der 3. M der 2. Nd je 1 M zunehmen (rechts verschränkt aus dem Querfaden str), danach in jeder 3. Rd vor und nach der zuvor zugenommenen M je 1 M zunehmen bis die Zwickelbreite von 17 M erreicht ist. Über alle M noch 2 Rd str und die M des Daumenzwickels stilllegen. 5 M oberhalb der stillgelegten M anschlagen und die Rd beenden. Nach 10 cm ab Beginn des Daumenzwickels die Finger nach der Grundanleitung str.
Die Anschlagkante und die Schlitzseiten mit einer Rd fM in Natur umhäkeln.

Den linken Handschuh gegengleich arbeiten.

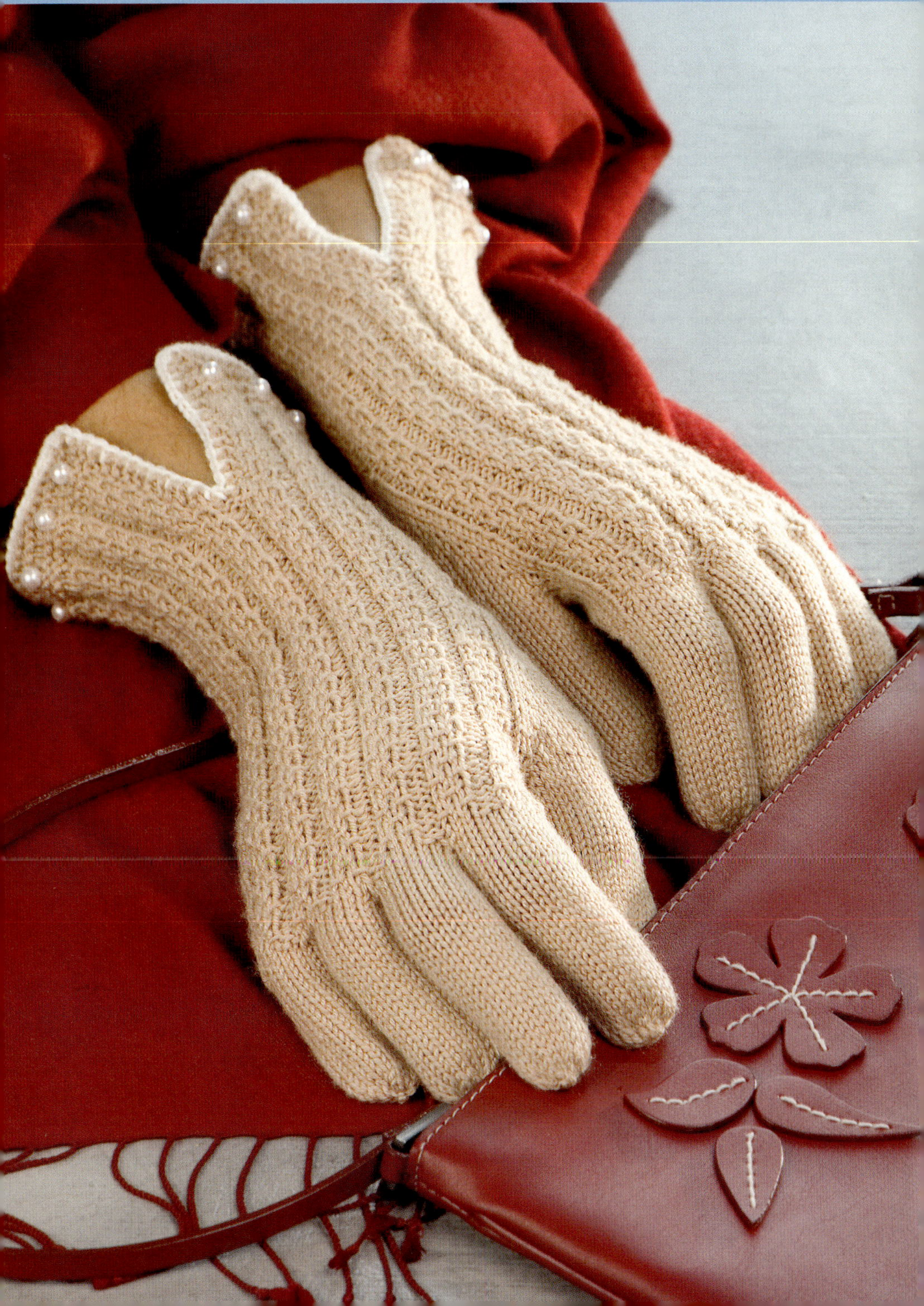

Bunte Pulswärmer

→ Farbe für den Winter

GRÖSSE
ca. 16 cm lang

MATERIAL
- Nadelspiel 3-4

PULSWÄRMER IN BRAUN
- Schachenmayr Extra Merino in Schoko (Fb 10), 50 g
- Schachenmayr Brazilia Lungo in Mocca (Fb 211), Rest oder 50 g

PULSWÄRMER IN PINK
- Schachenmayr Extra Merino in Pink (Fb 34), 50 g
- Schachenmayr Brazilia Lungo in Traube (Fb 249), Rest oder 50 g

PULSWÄRMER IN ORANGE
- Schachenmayr Extra Merino in Kürbis (Fb 26), 50 g
- Schachenmayr Brazilia Lungo in Orange (Fb 225), Rest oder 50 g

MASCHENPROBE
Mit Nd 3-4 und Extra Merino bei glatt rechts 22 M und 32 R = 10 cm x 10 cm

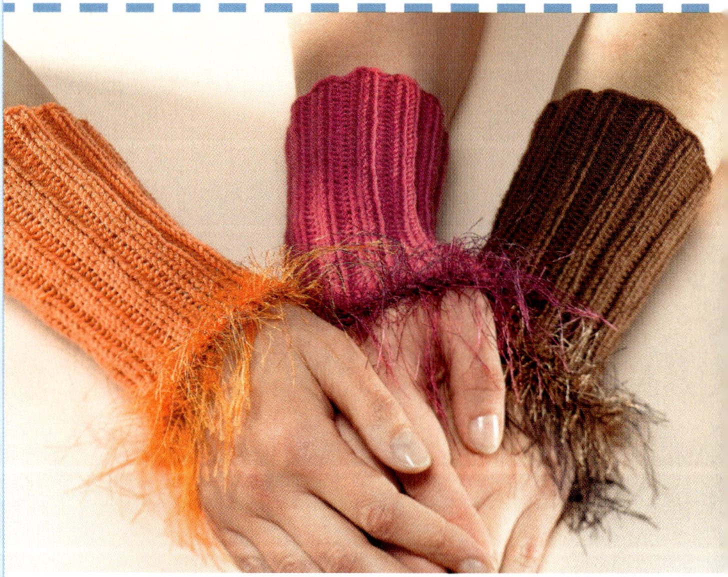

Bündchenmuster

2 M rechts, 2 M links im Wechsel

Anleitung

44 M mit Extra Merino anschlagen und 16 cm im Bündchenmuster str. Noch eine Rd im Bündchenmuster mit Brazilia Lungo str und in der nächsten Rd die M abketten wie sie erscheinen.
Beide Pulswärmer gleich arbeiten.

IMPRESSUM

FOTOS: frechverlag GmbH, 70499 Stuttgart; Fotostudio Ullrich & Co., Renningen
DRUCK: frechdruck GmbH, 70499 Stuttgart

Auflage: 5. 4. 3. 2. 1.
Jahr: 2010 2009 2008 2007 2006 [Letzte Zahlen maßgebend]

ISBN 10: 3-7724-6625-7
ISBN 13: 978-3-7724-6625-0
Best.-Nr. 6625